Managing Strengths Based on Adlerian Psycholog
What is the common point of Adler and Drucker?

アドラー心理学による「強み」のマネジメント

アドラーとドラッカーの共通点とは何か

中野 明

アルテ

はじめに

20世紀が生んだ心理学の巨人アルフレッド・アドラー、そして「マネジメントのグル」と呼ばれたピーター・ドラッカー、2人には気になる共通点があります。

まず、2人ともオーストリア＝ハンガリー二重帝国時代（オーストリアとハンガリーが対等関係で連合した時代で1867年から1918年に相当）にオーストリアで生まれています。

アドラーは1870年2月7日、ウィーン近郊のルドルスハイムで生まれました。ウィーン大学で医師の資格を取ると、眼科医として働き、一般医療に従事したあと自分の病院を開業しています。

この開業医時代にジクムント・フロイトの誘いを受けて、フロイトが主宰するウィーン精神分析協会に参加します。その後、フロイトと袂を分かったアドラーは、個人心理学会を立ち上げました。現在のアドラー心理学はこの個人心理学から発展したものです。

第1次世界大戦後、オーストリア国内でファシストの勢力が増す中、アドラーは1929年にアメリカへの移住を決意しやがて帰化します。アメリカでのアドラー人気は高く、アドラーは同国で最も収入のある講演家として、お抱え運転手付きの高級車で各地を飛び回りました。

一方、ドラッカーは1909年11月19日に首都ウィーンで生まれました。アドラーとは39歳違いです。父親アドルフは政府高官で、ザルツブルク音楽祭を創設したメンバーの1人です。ドラッカーは幼少の頃にフロイトと握手したことを記憶しています。1918年のことです。残念ながら、この時すでにフロイトと不仲だったアドラーとの接触はなかったようです。

ドラッカーはドイツの貿易商社の見習いになると同時にハンブルク大学法学部に入学します。その後、証券アナリストや新聞記者、大学講師などドラッカーは多様な職に就きました。新聞記者としてはアドルフ・ヒトラーにインタビューした経験を持ちます。

1933年にナチスが政権を握ると、ドラッカーはドイツを脱出してイギリス、さらに1937年には永住の地アメリカに移ります。ドラッカーの名が世に轟くのはこのアメリカ移住後で、以後、マネジメントの第一人者としてその地位を不動のものにします。

このように2人は、オーストリアで生まれ、ナチスの魔手を逃れてアメリカに移り、アメリカで大成するという共通の生涯をたどりました。

また思想的に見ると、アドラーが心理学、ドラッカーが経営学ということで、一見まったく畑違いに映ります。しかし、彼らの主張を検討すると、ここにも意外な共通点が見つかります。

最大の共通点は、両者とも、私たちが持つ「目標」を最重視したことでしょう。

アドラーは、人がよりよく生きるのに目標が欠かせない、と述べました。また、ドラッカーは、人が卓越した成果を上げるのに目標の重要性を説きました。これはのちに「目標と自己管理によるマネジメント」いわゆる「目標管理」として、ドラッカーの主要理論の1つになります。

本書ではこの2人の巨人が提唱した思想をベースに、私たちが自分の強みに目覚め、その強みをさらに強化するための手法を7つ述べました。第1章と第2章は全体を総括したパートで、残り7章が7つの手法に対応しています。

すべての手法がアドラーやドラッカーに由来するものではありませんが、いずれも背景には2人の思想が力強く生きづいているものばかりです。

また本書は拙著『アドラー心理学による「やる気」のマネジメント』（2015年、アルテ）の姉妹書に相当するもので、どちらも本当の自分らしい自分を見つけ出したい、という私たちが共通して持つテーマを通奏低音にしています。特に本書で詳しく解説する「人生のフィードバック・ループ」は、前拙著の最終章でふれたものであり、そういう意味で本書は前書の続編としても読んでもらえます。

本書に読者の心を揺さぶる何かが少しでもあれば、筆者としてはこの上のない喜びです。

目次

第1章　私たちにとって「強み」とは何か

●「強み」とは何か

２００６年に96歳の誕生日を８日後にひかえて天寿をまっとうした、マネジメントの世界的権威ピーター・ドラッカーは、次の名言を残しています。

何事かを成し遂げられるのは、強みによってである。弱みによって何かを行うことはできない。もちろん、できないことによって、何かを行うことなど、とうていできない。

ピーター・ドラッカー著、上田惇生訳『明日を支配するもの』（１９９９年、ダイヤモンド社）

私はこの言葉が大好きで、いままでに書いてきた本の中でたびたび引用してきました。

私たちが社会で何か目覚ましい成果を上げようとした時、自分の「弱み」を用いる人は皆無に違いありません。優れた成果を達成するには、好むと好まざるとにかかわらず、自分の「強み」を用いる必要があります。

もっともその結果が社会から支持されるか否かはわかりません。しかし自分の過去の成果と比較した時、過去の成果を上回るには、自分の強みを最大限活用する必要があります。自分の弱みでは過去の成果を越えられません。

ところが、世の中の原則とも言うべきこの「強み」に焦点を合わせることが棚上げされて、これとは逆のことが重視される傾向があります。

「弱点の克服」がそれです。

弱点の克服はとても重要なことです。しかし、何かを達成するのは自分の強みです。これが真だと判断したら、弱点の克服は、自分の強みを強化する場合に限ってのみ意味があるということになるでしょう。

そして、より大きな成果を上げようと思うと、自分の強みをさらに強化することが欠かせません。

では、そもそも「強み」とは何なのか――。

本書では次のように定義したいと思います。

自分を自分ならしめているもの。それが強みである。

言い換えると、自分らしさの主要因、あるいは自分と他人とを区別する最大の特徴、これが強みだと表現できます。

となると、自分にとっての強みとは何なのか、これが次の問題となるでしょう。この点について考えるには、まず、2つのものごとの見方――決定論と目的論について考えるのが適切です。

●決定論的立場と目的論的立場

私たちは、喉が渇いたから水を飲む、母親に言われたから宿題をする、上司の指示があったから得意先に出向く、というような行動を取ります。

いずれも「喉が渇いた」「母親に言われた」「上司の指示があった」という刺激が、私たちの行動の引き金になっています。

こうした行動の特徴は、「水を飲んだ」のは「喉が渇いた」から、「宿題をする」のは「母親に言われた」から、「得意先に出向く」のは「上司の指示があった」からというように、行動を決める要因はあくまでも刺激であって、自分自身の判断以外で決まっている点です。

右のように刺激に対する反応として行動が生じる立場、言い換えると特定の結果は特定の原因によって生まれる立場を「決定論」と呼びます。

しかし、刺激と行動の間には、常に私たちの自由意思が存在し、自由意思による選択が存在する――。アドラー心理学を打ち立てたアルフレッド・アドラーはこのように考えました。

「喉が渇いた」という刺激に対して、「しばらく前に補給したから、水を飲むのはもう少し後にしよう」と考えることも可能です。

また、「母親に言われた」という刺激に対して、「宿題をする前に部屋の掃除をしてやる気を高めよう」と考えることもできます。

さらに、「上司の指示があった」ものの、その得意先と関係がこじれているため、「別の人間を派遣してほしい」と頼むこともできるでしょう。

いずれも自由意思による選択です。選ぶのは自分自身です。命令でどうしても得意先に行かなければならないケースでも、その行動を選ぶのは自分自身の選択にほかなりません。

このようにあらゆる行動はその人の選択の結果だと考える立場を、先の決定論に対して、「目的論」と呼びます。そして、アドラー心理学では、私たちのあるゆる行動を、この目的論的立場からとらえようとするところに大きな特徴があります。

では、ものごとの見方には決定論的立場と目的論的立場があるということを念頭に、自分にとっての強みについて考えてみましょう。

そもそも意識して自分の強みを探しだすと、果たしていずれが自分にとっての強みなのかが、なかなか容易には把握できないものです。これにはどうやら理由があるようです。

私たちが自分の中に強みを発見しようとする時、多くの人は自分の「才能」を特定しようとするのではないでしょうか。

そして、この才能という言葉には、「天賦の」という修飾語がよくつくように、「生まれつき」「本来備わっているもの」というイメージがついて回ります。

その結果、いざ才能を特定しようと思うと、「オレには天賦の才能などない」「私には生まれつきの才能なんてあり得ない」――と、結論づけてしまうのがオチとなります。

右の考え方では、人には生まれついて授かった特殊な能力があるという立場を基礎にしています。そしてその天賦の才能がやがてその人の強みになるという立場をとっています。

つまり原因が結果を生み出すという、決定論的ものごとの見方で強みをとらえているのが右の立場にほかなりません。

●目的論的立場から「強み」を考える

確かに人には身体的な違いがあります。子どもの頃から速く走れる人もいれば、速く泳げる人もいます。計算がとても速い人もいるでしょう。

しかしこうした違いで目覚ましい成果を手にしようと思うと、長い時間をかけてその違いを育て「強み」にしなければなりません。育てずに放っておけば、早晩違いは違いでなくなります。

ですから、意識的にしろ、無意識的にしろ、その「違い」を育てる意思なくして、違いが強みになることはありません。仮に僅差の違いだとしたら、それを育てるという強い意思が、小さな違いを大きな強みへと育て上げることになります。

このように、自分の強みは育てるものであって、元から備わっているものではないという立場をとるのが、目的論的立場から見た自分の強みです。

ですから、目的論的立場では、持って生まれた強みは存在しません。ある特定の能力を自分の強みとするのもしないのも、その人自身の判断です。自由意思による選択です。

そして、一旦これが自ら取る方向と決めたのなら、自らの意思で強みをさらに強化する――。

この活動を続けることで、やがて自らの強みは、社会が認める強みへと変質します。最初から社会が認める強みを人が持っているはずがありません。

以上から、「強みを発見する」とは「強みを育てること」だということがわかります。発見するのではなく自ら育てるものです。

その結果、私たちは、他人とは違う自分自身になれるでしょう。そして最初にも述べたように、自分を自分らしくしているその最大の要因、それが強みにほかなりません。

ですからこのようにも言えます。

自分の強みについて考えるということは、自分の人生について考えること、世間と対峙する中でいかに自分らしく生きるかを問うことにほかなりません。

そして、特定の方向で生きていく選択をするのは常に自分自身です。先にも述べたように、それが自分以外からの命令や指示だとしても、選択したのは自分自身です。

強みについてこのように説明すると、自分の強みを特定することが困難な理由がわかると思います。というのも自分の強みを問うということは、人生の選択にほかならないからです。

だから私たちは自分の強みを特定することに躊躇します。現時点では強みがわからないことにして、人生の選択を先延ばしにします。

冒頭でふれたピーター・ドラッカーが18歳の時に自分についてこう語っています。

当時の私は、何になろうとしているのかさえ分かりませんでした。分かっていることは、綿製品の商人として成功することはありえないということだけでした。一八歳の青年としても、未熟な方でした。何の経験もなく、何の実績もありません。私が何を得意とし、何をすべきであるのかを知ったのは、その一五年も後の三〇代初めになってからのことです。

ピーター・ドラッカー、中内切『創生の時』（1995年、ダイヤモンド社）

いかがでしょう。あのドラッカーでさえ、自分の進むべき方向は30歳を過ぎるまでわからなかったわけです。

強みという人生の方向を見つけ出すのは、それほど大変で勇気のいることなのでしょう。しかしその方向性はできるだけ早く見つけ出すに越したことはありません。というのも、私たちが手にしている時間は限られているからです。

この限られた時間の中で自分らしく生きて行くには、少しでも早く人生の方向を決めて、その方向で自分の強みをさらに強化したほうがやはり得策です。

●「狭義の強み」と「広義の強み」

ところで、一般に強みとは、個人が持つ卓越した能力を指していることが多いようです。これは、ものごとをより上手に行える腕前や実力、と言い換えてもよいでしょう。

本書ではこのような強みに関する一般的な見方を、「狭義の強み」と定義したいと思います。

この狭義の強みは、社会に生かされないのであるならば、それは自己満足の域を出ません。それが本当に素晴らしい強みだとしたら、その人にとって宝の持ち腐れであるばかりか社会的な損失にもなります。というのも、その強みが社会に生かされないということは、社会をより良くする機会を失っているからです。

このように考えると、狭義の強みは社会に生かされてこそ、社会に貢献してこそ、初めてその価値が生じるのだと言えます。

そうすれば私たちのやる気はさらに高まるに違いありません。すると私たちは、強みをもっと強化して、その強みをもっと社会に生かそうと考えるでしょう。

こうして強みがさらに強くなることで、私たちはより大きな成果を手にする可能性が高まります。それが再び社会からの評価として跳ね返り、強みをさらに強化する動機づけとなります。

この繰り返しによって私たちは、自分の強みを育てていくことができるのでしょう。本当に自分らしい自分を作り上げていくことができるのでしょう。

このように狭義の強みを社会に生かし、自分を自分ならしめているもの、これが本書で言う「広義の強み」です。

ですから冒頭で記した強みの定義「自分を自分ならしめているもの、それが強みである――」とは、この広義の強みについて述べているのにほかなりません。

まず強みにはこの2種類があることを理解してください。そして本書で主に扱うのは、もちろん「広義の強み」にほかなりません。

第2章「人生のフィードバック・ループ」を理解する

●「差別化」と「統合化」

「広義の強み」（以下断りがない限り、「強み」は「広義の強み」を指します）の特徴は、強みが現在進行形でさらに強化されている点でしょう。この強みの強化に終わりはありません。

そして、この強みをさらに強くするという活動を繰り返していると面白い現象が生じます。1つは「差別化」、もう1つは「統合化」という現象です。

ある特定の分野で強みがさらに強くなると、当然その人は、他の人との違いがより明瞭になることでしょう。それはそのはずです。強みを強化することは、自分らしさを前面に押し出すことであり、これは言い換えると他人との違いをはっきりさせることですから。

このように、強みをさらに強くすることで、私たちは他人との違いを明確にします。つまりこれが「差別化」です。

しかし、前章でふれたように、自分の強みを社会に還元しないままでは、自分の強みを生かしていることにはなりません。そういう意味で、自分の強みを生かそうと思うと、社会と密な関係を築く必要があります。

私たちが社会を必要とするように、社会も私たちを必要とするような関係です。こうした社会と私たちが一体となる現象、これが「統合化」です。

この差別化と統合化には、相互的な因果関係および相互的な強化関係があります。

私たちは、自分の強みを強化することで差別化を進めます。その強みで社会との関係を取り結び、社会に貢献します。すると私と社会との統合化が進みます。この統合化はさらなる差別化の原動力となるでしょう。

こうして差別化と統合化は、互いが互いの原因であり結果となります。また互いが互いの特徴をより強化するように働きます。

このように、現在進行形の強みの強化とは、私たちが社会に貢献する1人の人間として独立すると同時に、社会との良好な関係を取り結ぶ中で育て上げるものです（図1参照）。

●差別化のための3つの要因

この差別化と統合化のメカニズムはさらに詳細に記述できます。実はこのメカニズムを深く理解することで、強みをさらに強くする活動、すなわち広義の強みを育てる活動を円滑に進められます。

図１　差別化と統合化

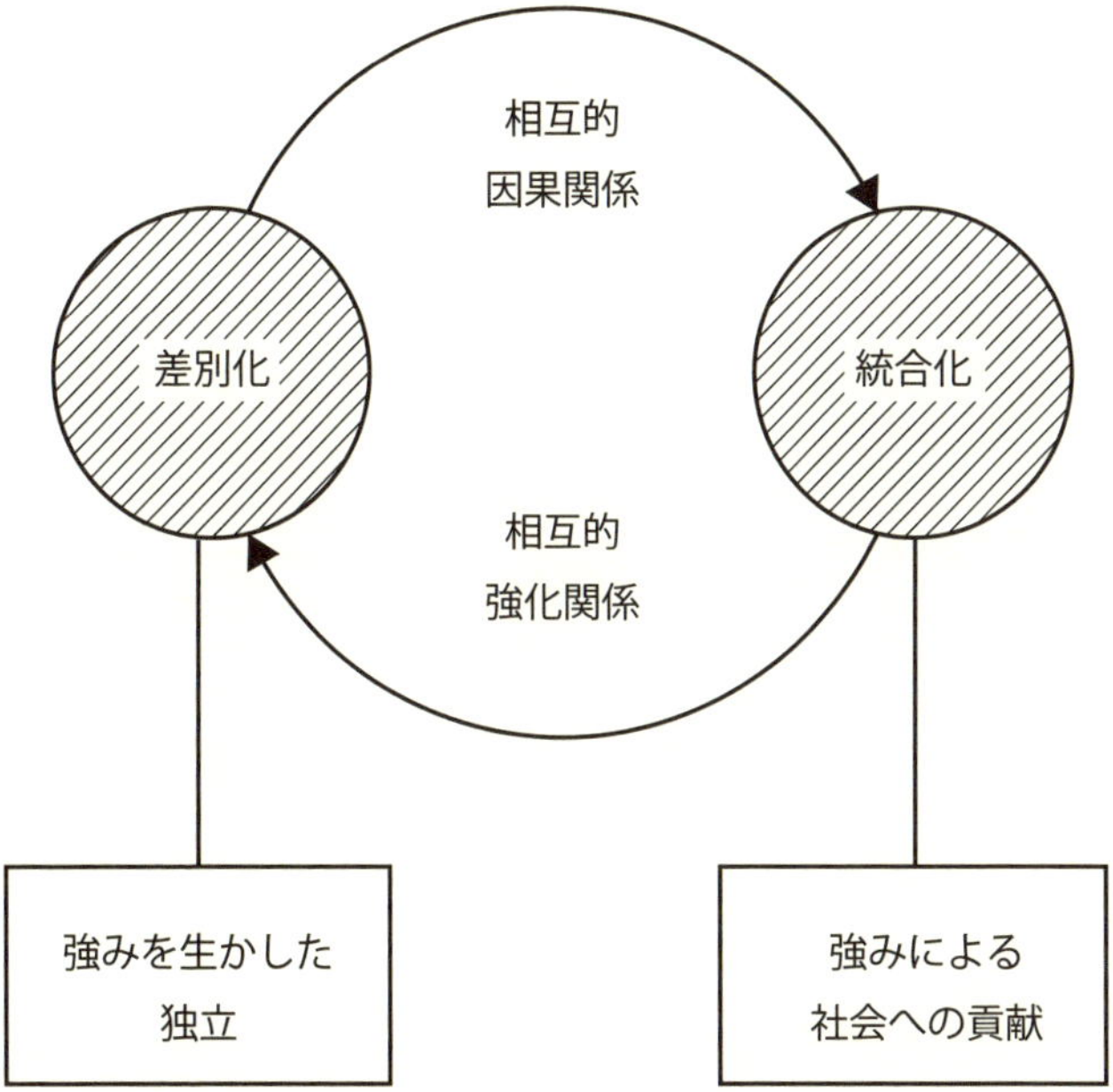

では、まず「差別化」のメカニズムを見てみましょう。差別化を推進する上で是非とも注目したいのが次の3つです。

①価値
②狭義の強み（能力）
③貢献

どういうわけか人には好みがあります。理由はわからないけれど価値があると思える活動、熱意を傾けられる活動、意義があると感じる活動、やっていて喜びや幸福を感じる活動があります。

このような活動をここでは「自分にとって価値ある活動」と考えます。

ある人は絵を描くことに価値を見出します。また別の人は化学記号に惹かれます。さらに別の人は、観光バスの撮影に胸躍らせます（実際にこのような人物が私の身近にいます！）。

自分にとって価値ある活動に理由はいりません。とにかくやっていて楽しいから、意義を感じるから、だから価値ある活動なのです。

こうした自分にとって価値ある活動、やっていて喜びや幸福を感じられる活動は、活動そのものが目的となります。このような活動を活動そのものが目的となることから「自己目的的活動」と呼びます。

自己目的活動では、やってみて面白かった、楽しかったから再び挑戦しようとするのでしょう。そうしたら、前よりもっと上手くなりたいと思うのが人情です。するとより高いレベルに到達できるに違いありません。

この時の達成感は、もっと上手になってもっと高いレベルに到達してやろうという「内からのやる気」を生み出します。

こうして私たちは、自己目的活動から出発して自分の能力を高め始めます。この能力とは——？

そう、これこそ「狭義の強み」にほかなりません。

●「人生の目標」と差別化の関係

もっとも、前章でふれたように、自分の狭義の強みを社会に還元しないままでいたら、「広義の強み」を育てることはできません。

そこで考えるべきなのが、自分が持つ狭義の強みを、社会のどの分野に生かすかということです。

社会やコミュニティ、個々人にはニーズがあります。ニーズとは解消したい問題点と言い換えられるでしょう。私たちはこうしたニーズに応えることで社会に貢献します。

健康な身体でいたいというニーズに高度な医療を提供します。知識を得たいというニーズに素晴らしい教育を提供します。おいしいものを食べたいというニーズにとっておきの料理を提供します。

そもそも社会貢献とはボランティアの専売特許ではありません。適切なニーズに応えることで私たちはいつでも社会に貢献できる立場にあります。

このように、社会には多様なニーズがあります。そして、ニーズに上手に対処しようと思ったら、自分の強みを生かすのが必須です。

こうして、「価値」「狭義の強み」「貢献」という3つの要因が出揃いました。

では、それぞれの要因を1つの円として、三角形を形作るように配置してみましょう。すると3つの円が重なる部分が出来上がります（図2参照）。

この3つの円が重なる部分は、言うなれば、

社会のニーズに対して、自分の強みを生かせる、自分にとって価値ある活動

このように定義できるでしょう。

こんな活動で人生を過ごせれば幸せだと思いませんか。何しろ手掛ける活動自体が自己目的的活動なのですから。

図２　価値・狭義の強み・貢献

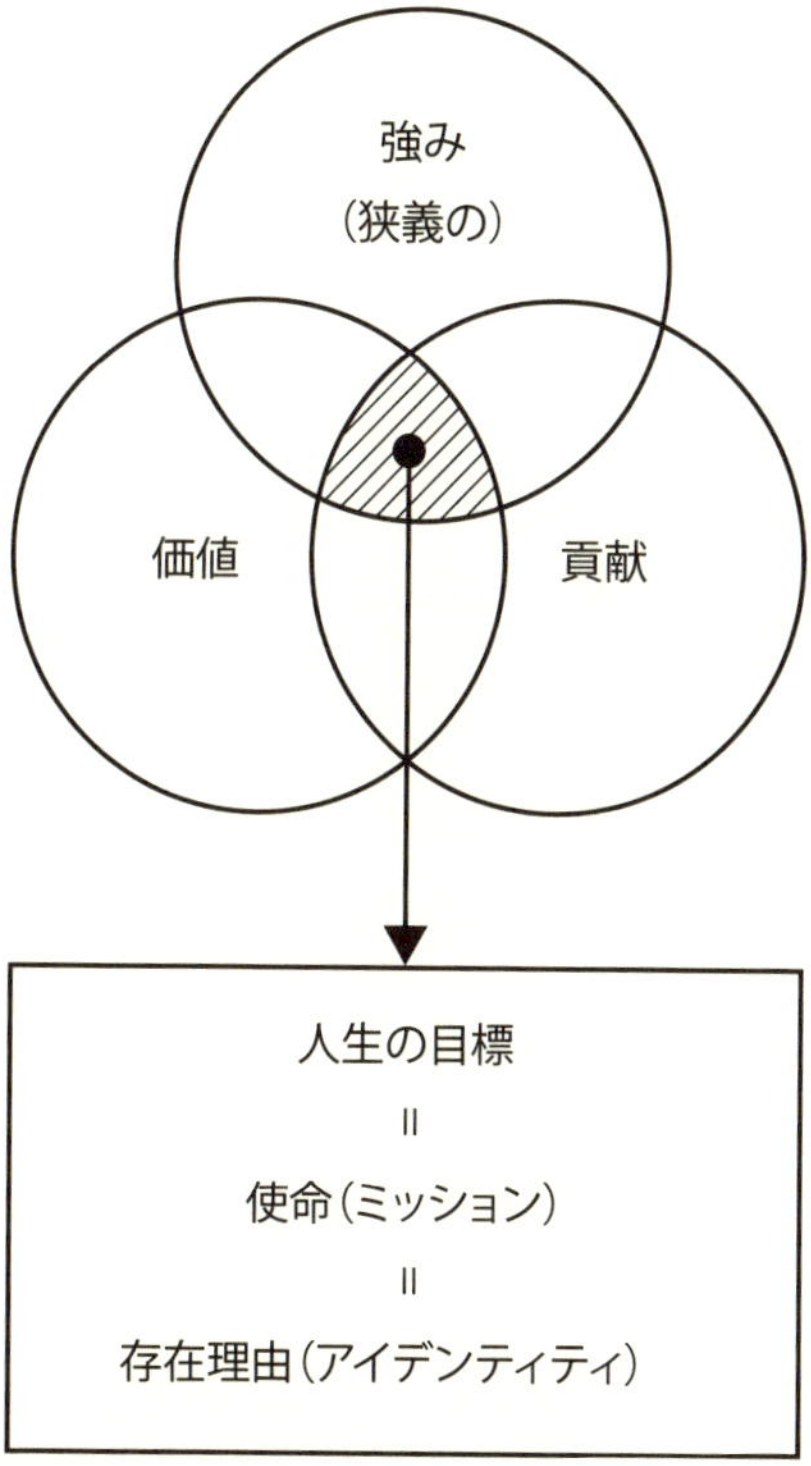

こうして、3つの円が重なる部分は、私たちの「人生の目標」として成立する可能性が極めて高くなります。否、これこそ自らの人生の目標にすべきものだと思います。つまりこれぞ、自分が生きていく上での方向性を示している、とも言えるわけです。

そして、この「価値」「狭義の強み」「貢献」の3要素から成立する人生の目標は、人それぞれで全く同じものはないはずです。というのも、目標はきわめて個人的なもので深まれば深まるほど他との違いがきわだつからです。

つまり、この3要素およびそこから成立する人生の目標は、私たち自身を他人から徹底的に差別化するための主要因として働くわけです。

また、この3要素および「人生の目標」は、私たちが何のために生きているのか、その理由を示しています。生きるための理由、つまり「使命（ミッション）」あるいは「存在理由（アイデンティティ）」を表現しているのにほかなりません。

●統合化を促す「使命」「理想像」「価値観」

もっとも私たちが生きる上で、「人生の目標＝使命（ミッション）」が明らかになっただけでは不十分です。というのも、今度は目標を達成するために行動しなければならないからです。

こうして社会との関係を取り結ぶ段階、すなわち「統合化」の過程が欠かせなくなります。以下、そのメカニズムについて解説しましょう。

そもそも、人生の目標がぼんやりわかってきたとしても、まだ、具体的なイメージになっていないと思います。たとえばこんな感じです。

私はしゃべることが大好きでコミュニケーション能力に長けている（と思う）。だから人と人の意思疎通を手助けすることを人生の目標にしたい（してもいいかも）。

私はものごとを分析することが大好きだ。中でも社会の仕組みを分析する手腕は高い（と思う）。この能力を生かして、より生産的な組織の構築を人生の目標にしたい（してもいいかも）。

私は自分で考えたことを形にするのが好きだ。特に斬新なアイデアを発想する能力が高い（と思う）。タレントでも音楽でもいいから、エンタテイメントをプロデュースすることを人生の目標にしたい（してもいいかも）。

次にこのぼんやりとした目標を具体化することが欠かせません。そのためには、10年後、20年後の自分がどのような人物になっているかを明確にしたいものです。

その姿とは私たちにとって理想の自分でしょう。つまり「理想像（ビジョン）」です。

とはいえ、理想の自分（ビジョン）を達成するには長い時間がかかります。ですから、理想像に到達するための中期目標、さらには短期目標を設定することが欠かせません。最短期の目標は、理想像に照らして今日すべきこと、明日すべきことになるでしょう。

これらの目標を達成しビジョンに到達すべく私たちは行動します。しかし、他人を踏み台にしてでも目標を達成するというのはちょっと考えものでしょう。

よって、実際に行動に際して踏み外してはならない基準、行動をする上での「価値観（バリュー）」というものが大切になります。それは誠実であること、真摯であること、正直であること等々、人として失ってはならない価値観です。

こうして新たな3要素が揃いました。

①使命（ミッション）
②理想像（ビジョン）
③価値観（バリュー）

これこそが、私たちが社会との統合化を達成するために欠かせない３つの要因になります。そして、この３つの要因と、差別化を実現するための３つの要因を合わせると、次のような図が描けます（図3参照）。

この３つの要因によって、なぜ、統合化が成立するのか。また、統合化と差別化は相互的に因果関係、相互的に強化関係にあることはすでに述べましたが、これらがいかに実現して「広義の強み」がさらに強化されるのか。そのメカニズムについてこの図に従って解説しましょう。

●「人生のフィードバック・ループ」を理解する

すでに見たように、私たちは差別化の過程で、自分独自の「人生の目標」すなわち「使命（ミッション）」を明らかにしました。

この「使命」から「理想像（ビジョン）」が生まれ、さらにそこから細分化された「目標」が派生します。この目標は、社会が持つニーズを細分化したものであり、私たちが対処可能なレベルまで落とし込んだものです。

そしてこの目標を実現するために（すなわち細分化した社会的ニーズに対処すべく）、私たちは「価値観（バリュー）」に従って行動します。

図3　人生のフィードバック・ループ

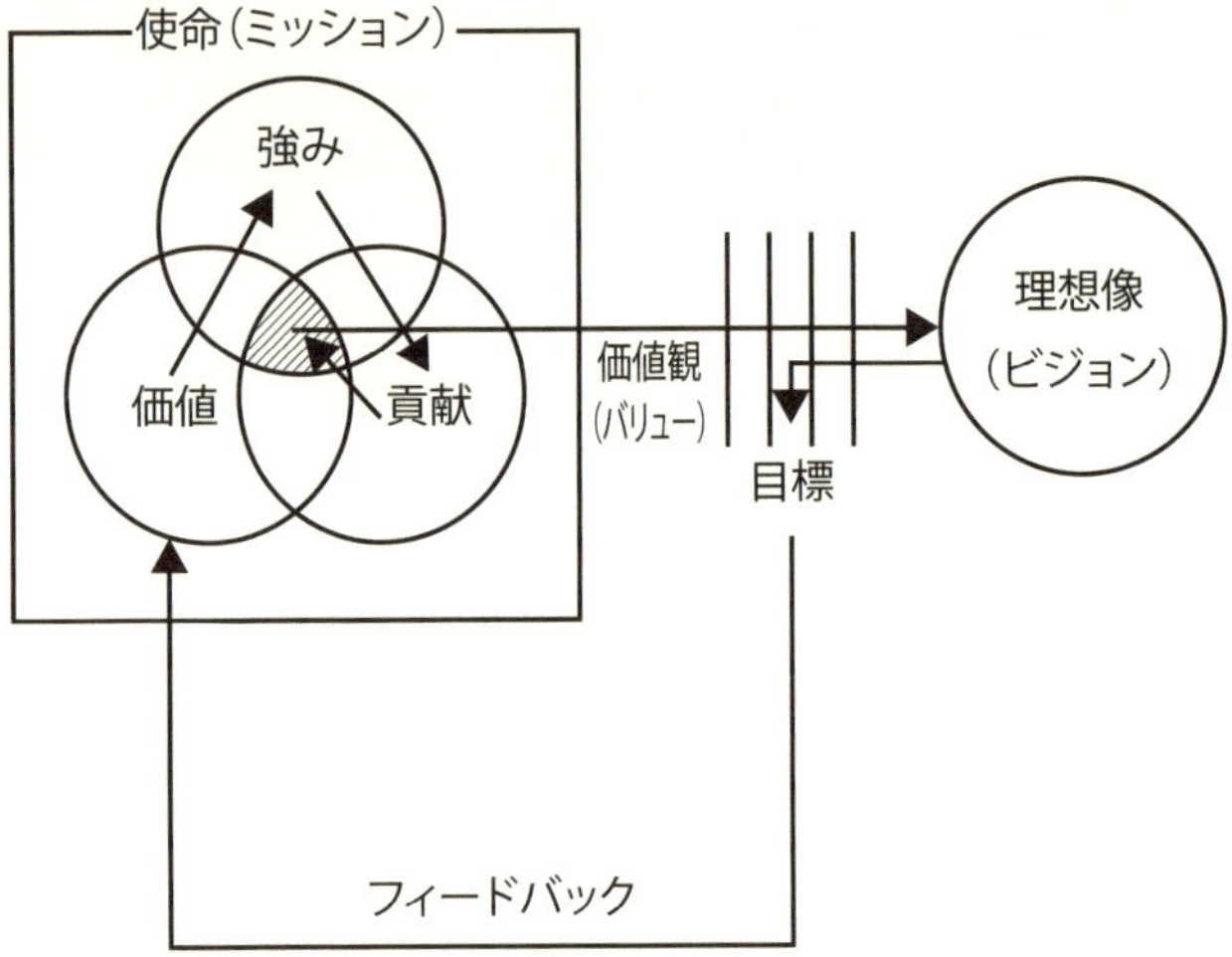

こうして目標を達成する、すなわち社会のニーズを満足させると、私たちは達成感を得ます。貢献した相手からは「ありがとう」という言葉が返ってくるに違いありません。言葉で足りない場合、金銭的な報酬になるかもしれません。いずれもフィードバックの１つです。これは私たちの「内なるやる気」を刺激して、さらに強みを強化するための強い動機づけとなります。

そして強みがさらに強くなり、より高くなった能力でニーズに対処します。そうすれば、より高い問題解決力を提供できるでしょう。

すると私たちはさらに高い評価や報酬を社会から受け取ります。

いかがでしょう。このように私たちは高い能力を身につけるほど差別化が進行して独立した存在になります。そしてその高い能力で社会的ニーズに対処することで、独立した存在である私たちは社会に統合化されます。

さらに統合化が進むとさらに差別化が進む――。

すでに述べたとおり、差別化と統合化は相互的な原因と結果となり、互いが強化する関係を築くことがわかると思います。

そしてこのサイクルが人生の終わりまで続くことで、人の「広義の強み」は日進月歩で強化されます。この永続するサイクルを本書では、

人生のフィードバック・ループ

と呼びたいと思います。

そして、この「人生のフィードバック・ループ」を適切に機能させるための手法について詳しく記したのが第3章以下です。

最初に注目すべきは、「使命（ミッション）」を構成する3つの要素のうちの「価値」です（第3章）。自分にとって価値あるものを知ることは、自分の「狭義の強み」を強化し、自分らしく生きるための最初のステップになります。

次に、「価値」から発展して、いかなる「（狭義の）強み」に注目すべきかを記したのが第4章です。さらにその「狭義の強み」を社会のニーズに対応させて「人生の目標」を形成する方法を考えました（第5章）。

以上は「広義の強み」を強化するための準備段階に相当します。

これに対して、第6章～第9章では、実際に目標に向けて行動する中で、強みをさらに強くする手法について言及しています。

まず、「ポジティブ思考」の重要性と方法について述べ（第6章）、続いて「フィードバック」を効果的に実行するための手法についてふれました（第7章）。

さらに、「強みの強化＝差別化」に欠かせない手法についてふれ（第8章）、最後に才能よりも「努力」を重視する態度の重要性について述べました（第9章）。

以上を実行することで、自分を自分ならしめるもの、本当に自分らしい自分が、明瞭になるはずです。

では、いよいよその1歩を踏み出すことにしましょう。

第3章　自分にとっての「価値あるもの」を発見する

●コンピュータに情熱を傾けた２人

「コンピュータの何が魅力だったのですか?」

インタビュアーがある人物にこんな質問をしました。するとその人物はこのように答えました。

私が何に興奮したのかと言えば、コンピューターがあっという間に反応することです。プログラムが正確ならば、正確に反応しますし、間違っていれば絶対に反応しない。正しいのか間違っているのか、答えが一つしかない。その明確さに夢中になってしまったのです。

また、同じインタビュアーが別の人物に次のような質問をしました。

「どうしてそんなにプログラミングに熱中したのですか?」

するとその人物は次のように答えました。

プログラミングに魅せられたことのない人には説明するのはちょっと難しいかも知れません。何かをするプログラムを考え、それからそれをタイプして打ち込んで、実際にそれがコンピューターで動くのを見るのは、スリルも満足感も得られるものです。ちょっと職人気質といったような感じもしますしね。

いずれもコンピュータ、そしてコンピュータを動かすプログラミングに夢中になった人物の回想です。

しかもその熱中の度合いは半端ではありませんでした。何しろ2人の熱意はやがてマイクロソフトという巨大ソフトウェア会社を成立させるのですから——。

なんとなくおわかりと思います。実は前者の質問に答えたのがマイクロソフトの創設者ビル・ゲイツ、そして後者の質問に答えたのが共同創設者のポール・アレンです（相田洋『新・電子立国1』（1996年、日本放送出版協会）より）。

ビル・ゲイツとポール・アレンは、シアトルにある名門私立校レイクサイドスクールで出会いました。1968年のことです。当時、ゲイツが13歳、アレンが15歳でした。

1960年代の終わりはコンピュータ産業の技術が大きく飛躍する時期です。タイムシェアリング・サービスを使って遠隔地のテレタイプから大型コンピュータを操作できるようになったのもその1つでした。

レイクサイドスクールでは、学生がコンピュータに接することができるよう、当時では画期的だったこのサービスを導入することに決めました。

導入当時、入りきれないほどの学生がテレタイプのある部屋に押し寄せました。しかし徐々にその数も減っていき、中毒とも言えるほどコンピュータにのめり込んだ生徒だけがたむろするようになりました。その中心人物だったのがビル・ゲイツとポール・アレンです。

２人が最初に作ったプログラムは「３目並べ」でした。遠隔地にある大型コンピュータを操作するテレタイプには、モニターなどついていません。あるのはタイプライター状のキーボード、鑽孔機、それにプリンターです。

プログラムは紙テープに鑽孔機で穴を空けて記録します。これをテレタイプに読み込ませて、電話回線でつながった遠隔地にある大型コンピュータと接続してプログラムを送ります。そして、プログラムが正しければ、手元のプリンターにコンピュータからの回答が印字されます。

この印字される瞬間に、ゲイツやアレンは「スリルや満足感」を覚えて、コンピュータに「夢中になってしまった」わけです。

●なぜかしら情熱を傾けられるもの

ゲイツはコンピュータに夢中になった理由を「正しいか間違っているか明確だから」と語ります。また、アレンはプログラミングの魅力が、「タイプして打ち込んで、実際にそれがコンピュータで動くのを見る」ことにスリルや満足感を覚えられる点にあると言います。

とはいえ、彼らの回答からは、なぜゲイツが成否の明確さに夢中になるのか、その理由まではわかりません。同様にアレンが、自分で書いたプログラムで実際に動くコンピュータを見てスリルと満足感を覚えられるのか、その理由もわかりません。

彼らにその理由をただしたら、「ただそうするのが楽しかったから」という答えが返ってくるに違いありません。

子どもの頃を思い出してください。夢中で絵を描いたり、海岸に出て飽くことなく泳いだりした経験が誰しもあるはずです。

誰にも命令されたわけではありません。ただ、それをすること自体が楽しかった、それをすることと自体に価値を見出した、自己目的的活動というものが誰にでもあったはずです。そして、

自分がやっていて楽しい活動において（価値）
卓越した能力を発揮でき（狭義の強み）
しかもそれが世の中に役に立てば（貢献）

とても充実した気分になれるでしょう（第2章参照）。その中でも、「価値」「（狭義の）強み」「貢

献」という「人生の目標＝使命（ミッション）」を決定づける上で、最も重要であり基礎となるのが、それをすること自体に価値を見出せる、この自己目的活動だと言えます。

自分にとって価値ある活動が見つかるのは、偶然があずかるところも大きいようです。

実際、ゲイツやアレンの場合も、コンピュータの普及期に生を授かっていなければ、コンピュータ業界で羽ばたくことはできなかったでしょう。

また、彼らが在籍した学校がタイムシェアリング・サービスの導入を行わなかったら、ゲイツやアレンは別の活動に情熱を傾けていたかもしれません。

●長年を通じて蓄積されるもの

これと類似した話題について、アメリカのクレアモント大学院大学のドラッカー・スクール・オブ・マネジメントで心理学を教えているミハイ・チクセントミハイが言及しています。

ちなみにドラッカー・スクール・オブ・マネジメントは、ドラッカーの功績を顕彰して同校に設けられたMBAです。ドラッカーは、ハーバード大学からの招きを4度も断り、62歳になる1971年以降、ロサンゼルス郊外にあるクレアモント大学に奉職して、以来終生、同大学の教壇に立ち続けたという経緯があります。

このチクセントミハイの著作に『フロー体験とグッドビジネス』（２００８年、世界思想社）があります。同書を翻訳した大森弘は、ドラッカー自身がチクセントミハイのこの著作を「幸福（well-being）と達成（achievement）の心理学の基本書である」と評価したと述べています。

それはともかくチクセントミハイは、別の著作『フロー体験　喜びの現象学』（１９９６年、世界思想社）の中で、自分にとって価値ある活動を偶然発見した幾人かの人物について記しています。その1人はサム・ブラウニングという15歳の少年です。当時のサムには将来自分が何になるのか、明確な目標はありませんでした（それはそうでしょう。まだ15歳ですから！）。

その年のクリスマス、サムは父親に連れられてバミューダ島に行きました。ここでサムは海中に潜って珊瑚礁を探検する小旅行に出かけます。

この小旅行がサムを変えました。神秘的で魅惑的な珊瑚礁にサムは圧倒されたのです。以来、サムは珊瑚のとりことなり、この経験からサムは海洋学者になる道を選びました。

もう1人、チクセントミハイの同僚に、バッハの賛美歌やモーツァルトの協奏曲をハミングする人物がいました。そのハミングの巧みさは尋常ではなく、バイオリンやらファゴットやら主要楽器の口まねをするものでした。

そもそもこの人物は、３歳の頃から父親に連れられてクラッシック音楽のコンサートに出かけました。しかしコンサートは退屈で、よく居眠りをして父親に叱られたといいます。

ところが7歳の時、その人物はモーツァルトのオペラの序曲を聴いていて、突然、その曲の旋律のもつ構造が識別できるとともに圧倒される感覚にとらわれました。以来、クラッシック音楽はこの人物の好みとなり、卓越したハミングの技術を得るまでに至ったわけです。

チクセントミハイは、この2人の体験について、それぞれ次のように述べています。

彼が以前に楽しんだこと、自然や美についての彼の感情、何が大切かについて数年にわたって作りあげてきた優先事項などとその経験が共鳴したのである。

この感覚の出現を準備したのは、音楽を聴くという三年にわたる苦痛に満ちた経験であり、彼の音楽の能力を無意識のうちに発達させ、彼にモーツァルトが音楽の中に組み込んだ挑戦を理解することを可能にさせた年月であった。

ミハイ・チクセントミハイ著、今村浩明訳
『フロー体験　喜びの現象学』（1996年、世界思想社）

チクセントミハイの指摘で興味を引くのは、いずれのケースも自分にとっての価値あるものが先験的に所与のもの（生まれながら与えられたもの）ではなかったということです。

そうではなく、「以前に楽しんだこと」「自然や美についての彼の感情」「数年にわたって作り上げてきた優先事項」あるいは「三年にわたる苦痛に満ちた経験」が、目の前の体験と接触し、その瞬間共鳴して生じたのだ、とチクセントミハイは指摘します。

私たちは幼少からの経験の積み重ねを通じて、常に何らかの選択をしているのでしょう。その選択とは、おそらく自分にとって価値あるもの、価値のないものの取捨選択に違いありません。

こうして人は、理由はわからないけれど、それをすること自体に価値を見出すようになるのでしょう。チクセントミハイが例に挙げた2人の人物は、幸運にもその価値を理解する瞬間が、突然、雷鳴のようにやってきたわけです。

それは、今までの自分自身が蓄積した価値あるものという無意識的認識を顕在化させる体験だった、とも言えるわけです。

●小さい頃になりたかった職業は？

チクセントミハイが例に挙げた2人、それにマイクロソフトを創業したビル・ゲイツ、ポール・アレンらは、偶然の出会いがある意味で人生を決めました。

しかしながら、偶然を待つ前には準備が必要です。準備がなければ偶然の機会を機会としてとらえることはできないはずです。準備とは経験の積み重ね、その中で蓄積される、理由はわからないけれど自分にとって価値あるものの育成です。

仮に劇的な体験がなかったとしても、人は好みに従うように、自然に価値あるものに惹かれていくのではないでしょうか。

では、偶然を待たずに、自分にとって価値あるものを明確にする方法はあるのでしょうか――。

実はヒントになる手法があります。

アドラーは人生における目標の重要性を繰り返して述べました。たとえば家屋を考えてみましょう。仮に心に明確な目標がないとしたら家屋を建てることはできません。しかし目標があれば話は違ってきます。アドラーはこう言いました。

もし、この世で何かを作るときに必要な、建材、権限、設備、そして人手があったとしても、目的、すなわち心に目標がないならば、それらに価値はないと思っています。実際に目標があるとしましょう。水道やあらゆる近代的利便性の備わった10部屋の家屋を建てると想像してみてください。そうしたら、その目標に最もふさわしいように、建材や設備や作業員をまとめて、うまく働かせることができるでしょう。仕事をうまく監督することができるでしょう。なぜなら、あなたは自分がどうしたいかを知っているのですから。

G・J・マナスター他著、柿内邦博他訳『アドラーの思い出』（2007年、創元社）収録
アルフレッド・アドラー「劣等感ものがたり」

家屋を人間に置き換えた時、人間にも「どのような存在になるのか」という目標が欠かせません。そしてアドラーは、この目標は人の幼児期に作られると考えました。これをアドラーは「ライフスタイル」と呼びました。いわばその人が持つ根本的な生への態度、それがアドラーの言うライフスタイルにほかなりません。

私たちがそれぞれ持つライフスタイルは、「最も初期の記憶」をたどることで明らかにできるとアドラーは考えました。最も初期の記憶とは、その人が持つ最も昔の思い出のことです。これを「早期回想」と呼びます。

アドラーは最も初期の記憶が次の2つの理由で非常に注目すべきだと述べました。

まず、それは人が自分自身と状況について行う根本的な評価を要約している。（中略）第二に、それは、その人の主観的な出発点である。自分で書いてきた自叙伝の最初である。

アルフレッド・アドラー著、岸見一郎訳『人生の意味の心理学（上）』（2010年、アルテ）

では、私たちが小さい頃、最初になりたいと思った職業はなんでしょう。これは職業版の早期回想だと考えてよいと思います。

医者、看護師、スポーツ選手、花屋、パン屋、銀行員、あるいはゲームデザイナー――。

人によってなりたかった職業は様々なはずです。

とはいえ、小さい頃になりたかった職業に、今現在就いている人（あるいは就ける人）はきわめて希だと思います。となると、職業版の早期回想について知ることは無駄な作業なのか――？

いいえ、そんなことはありません。そもそも、世の中には職業がごまんとあります。大人でさえ、「こんな職業があったんだ」と驚くものも少なくありません。ましてや子どもが多岐にわたる職業を理解していようはずがありません。

●なりたかった職業が持つ特徴について考える

そこで重要になるのが、幼児期に選択した職業が持つ特徴です。たとえば、医者や看護師ならば「人命を救う」「人を助ける」「困っている人に手をさしのべる」などの特徴を持つでしょう。

またスポーツ選手ならば「集団（または個人）で行動する」「注目を集める」「人々に感動を与える」「身体を動かす」などの特徴があります。

では、「人命を救う」という特徴を持つ職業は医者や看護師だけでしょうか。そんなことはありません。救急隊員や消防士、あるいは自衛隊員も人命救助に資する職業です。

また、「人々に感動を与える」という特徴はスポーツ選手の専売特許でしょうか。これも違います。劇作家は舞台から、作家は文字を通じて、さらにテレビマンはテレビ番組を通じて人々に感動を与えます。

このように子どもは、身近にある職業が持つ特徴に惹かれて、その職業に就きたいと考えるのでしょう。そして同様の特徴を持つ職業は、決して子どもが幼児期に描いた職業だけに限られるものではありません。

では、再び自分が小さい頃になりたかった職業について考えてみてください。その上で、その職業が持つ特徴をいくつか挙げてみてください。

ちなみに私の場合、小さい頃になりたかった職業は漫画家でした。当時は「週刊少年ジャンプ」が怒濤の人気を誇っていた時代で、私もいつかは同誌に投稿するつもりで下手な漫画を描いていました（残念ながら意図した投稿は結局果たせずじまいでしたが）。

漫画家の特徴の1つは「自ら考えて形にすること」ではないでしょうか。実は私が大学を卒業して就職する際、漫画家が持つ特徴なども考えずに、「自ら考えて形にすること」を念頭に職を選びました。その結果、就職した先はイベント会社で、そこでイベントを制作する仕事に就きました。

その後、紆余曲折を経て、現在は文章を書いて生計を立てるようになった私です。現在の職業と漫画家という職業は異なります。しかし奇妙にも、両者が持つ特徴はきわめて似かよっていると言わざるを得ません。

ちなみに私は、苦心して書いた一文を出版社に投稿することで、物書きという現在の道を切り開いてきました。そういう意味で私は、原稿の投稿という形で、結局果たせなかった漫画投稿の雪辱を果たしたわけです。

とはいえ、もちろん私の一例が万事とは言えません。しかし少なくとも、小さい頃に夢見た職業とは、すでに幼児期において、自分にとって価値のある特徴を備える活動だったはずです。

そして、アドラーが早期回想を重視したように、幼児期に価値のあると感じた活動は、それ以降の経験に大きな影響を及ぼすと考えられます。

というのも、価値あるものに私たちは無意識のうちに注意を向けるに違いないからです。そして再び価値あるものに接することで、価値あるものがもっと価値あるものになるでしょう。

やがてこれが累積してゆき、チクセントミハイが例に掲げた２人の人物やゲイツ、アレンらが体験した偶然の出会いが、ときに起こるのではないでしょうか。

いずれにしても、自分が小さい頃になりたかった職業の特徴を考えてみてください。そこに自分が心から大事にする価値が含まれている可能性が非常に高いと思います。

●ミラーテストを実行していたジョブズ

自分にとって価値ある活動は「ミラーテスト」からもそのヒントが得られます。朝、ひげを剃る時、口紅を塗る時、鏡に映った自分の顔を見つめてください。

そして鏡に映った自分にこう問います。

「今やっていることは、私にとって価値ある活動なのだろうか？」

イエスと答えられるならば、その活動の中に自分自身が価値を認める何かが含まれているのだと思います。また、逆に答えがノーならば、その活動は自分にとって価値あるものとどこか異なる特徴を持っているに違いありません。

これがミラーテストです。そして、このミラーテストを自ら実行し、また他の人にも勧めたのが、あのアップルの創業者スティーブ・ジョブズです。

私は毎朝鏡に映った自分の顔を見ながら自問してきた。「もし今日が人生最後の日ならば、今日やろうと思っていることを本当に実行するだろうか？」。その答えが「ノー」という日が何日も続くならば、何かを変える必要がある。

人はやがて死ぬ。これを忘れずにいることは、人生で大きな選択をする際の助けになる最も重要な手法だ。というのも、ほとんど全てのもの――周囲の期待、自尊心、恥や失敗への恐怖――こうしたものは死を前にすると雲散霧消するからだ。残るのは本当に重要ものだけだ。

スティーブ・ジョブズ、2005年のスタンフォード大学卒業祝賀スピーチにて

中野明『悩める人の戦略的人生論』(2012年、祥伝社新書)

もっともミラーテストを実行したからといって、自分にとっての価値あるものが特定できるとは限りません。場合によっては、「現在の活動は自分にとって価値ある活動ではない」としか答えが出ないかもしれません。

しかしたとえそうだとしても、自分にとって価値ある活動を考えるヒントにはなるはずです。そして仮にそうだとしたら、ジョブズが言うように、何かを変えなければなりません。

自分にとって価値あるものとは何なのか――。

難しい問いですが、この問いに真摯に向き合うことが欠かせません。そして自分にとって価値があると思う活動を継続すること。するとそれがやがて自分の強みへと発展していきます。

このように考えると、自分の強みの発見は、自分にとって価値あるものへの目覚めが第一歩になる、ということがわかってもらえると思います。

第4章　自分の「強み」をさらに強くするために

●「強み」の出発点

前章では、私たちの「強み」の出発点が「価値」にあることがわかりました。

理由はわからないけれど惹かれる活動、興味が持てる活動、それをすること自体に喜びや意義を見出せる活動、これらをとりまとめて表現すると自分にとって価値ある活動となるでしょう。

私たちがなぜその活動に価値を見出すのか、その理由を明確には説明できません。しかしながら、過去の経験の蓄積の中で、知らず知らずのうちにその活動に興味を持つようになります。

チクセントミハイは、以前に楽しんだこと、自然や美について感じたこと、何が大切かについて数年にわたって作りあげてきた優先事項、さらには苦痛にみちた体験さえも、有意な経験の蓄積になると述べたことは前章でふれました。

自分にとって価値ある活動を行って上手くできると、私たちは「やった！」と思います。すると価値ある活動が、自分にとってもっと価値ある活動になります。

もちろん上手くいかないときもあるでしょう。そんなときに私たちは「何でだろう？」と考えます。いろいろ試行錯誤して工夫します。

そうするとあるときに「できた！」という瞬間に遭遇します。このときの嬉しさはひとしおでしょう。こうして私たちは、自分にとって価値ある活動にさらにのめり込みます。

特定の活動を繰り返して行うようになるとどうなるでしょう。そう、だんだんその活動に必要な知識や技術が豊かになるに違いありません。一言で言うならば、その活動に対する能力が高まる、ということです。

この能力の高まりがある程度のところまできたとき、それは自分の「狭義の強み」（以下、本章で記す「強み」とは「狭義の強み」だと考えてください）として認識されることになります。

●ここにもある相互的因果関係、相互的強化関係

こうして「自分にとって価値ある活動」と「強み」は、抜き差しならぬ関係となります。それは第2章の「差別化」と「統合化」で見たのと同じ、相互的な因果関係、相互的な強化関係です。

自分にとっての価値ある活動は強みの原因となります。両者は因果関係で結ばれます。また、強みが強化されると、私たちはその活動自体にもっと価値を見出します。こちらも因果関係ですね。

このように「価値」と「強み」はいずれも因果関係にある、つまり相互的因果関係にあるということです。

同じことは強化関係にも言えます。特定の活動に価値を見出すことで、私たちは時間をかけてその活動を行います。するとその活動に必要な能力すなわち強みは向上するでしょう。これは一方が他方を強化する関係にあります。

また、能力が向上すると、やっている活動にさらに価値を見出すことができるでしょう。こちらもやはり、他方が一方を強化する関係にあります。

このように「価値」と「強み」には、一方が他方を強化する相互的強化関係もあることがわかります。そして相互が「価値」と「強み」の因果となり、相互が「価値」と「強み」を強化することで、その活動は私たちにとってかけがえのないものになります。楽しみや喜び、幸福感を生み出す活動となります。

このようにイメージしてみてください。

「価値」は過去の経験した楽しみや大切と思ったことが凝縮して一点に集中します。それは底辺が開いた上に閉じる三角形です。

この価値あるという思いが実際の活動に置き換わり「強み」をさらに強化します。それは頂点を下にした上に開く三角形、強みを発散する三角形です。

つまり「価値」と「強み」が相互に強化する関係とは、いわば集中と発散の循環、と言えるように思います（図４参照）。

この繰り返しにより、特定の活動に対する私たちの能力はだんだんと向上します。すでに述べたように、私たちは「強み」を生まれつき持っているのではありません。それは長い時間をかけて育てるものです。強みをさらに強化することで、強みはさらに強みになるわけです。

図４　集中と発散の循環

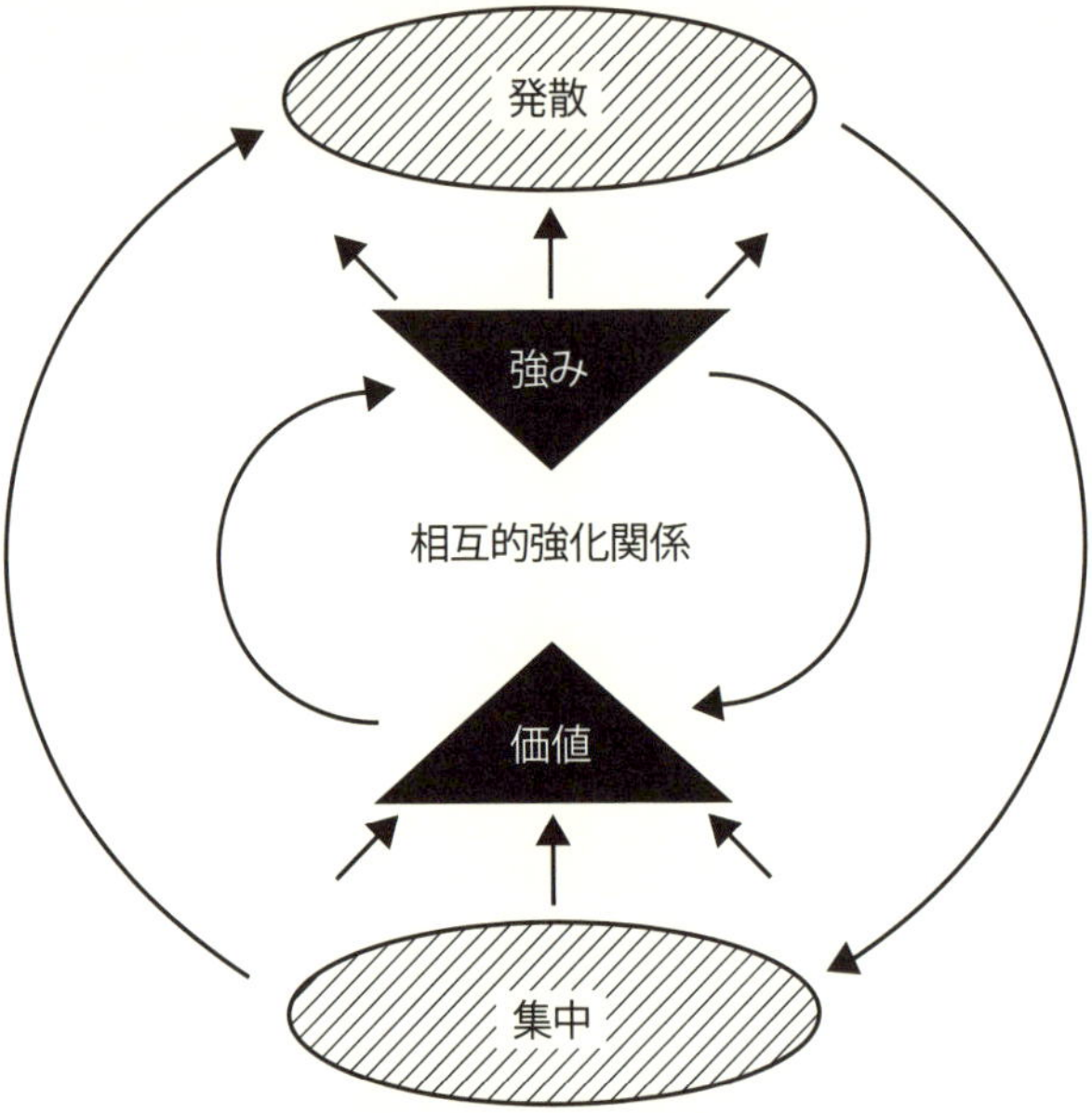

●子どものモチベーションを調べる

「価値＝集中」と「強み＝発散」の循環を回転させる原動力は、しばし「やる気」と表現されます。「やる気」をどう高めるかについては、姉妹書『アドラー心理学による「やる気」のマネジメント』で詳しく述べました。

同書でも記したように、やる気には少なくとも２つ（厳密には３つ）の種類があります。これを知っておくことで、「価値」と「強み」の相互循環を、短期間で停止させるのではなく、長期間回し続けることができます。ここでは姉妹書とは異なる観点から「やる気」について考えてみます。

今から40年ほど前、マーク・レッパートとデイヴィッド・グリーン、それにリチャード・ニスペットという３人の心理学者が、モチベーション（やる気）に関するきわめて興味深い研究を発表しました。それは幼稚園児を対象にしたもので、子どもたちが楽しんでやっている活動に、報酬を与えるとどのような結果になるかを研究したものです。

３人の心理学者は、自由に遊んでもよい時間に絵を描いている子どもたちを、まず次のように３つのグループに分けました。

①絵を描いたら「よくできました」という賞状をもらえるグループ
②前もって賞状をもらえるとは知らないが、絵を描いたあとで賞状をもらえるグループ
③絵を描いても何ももらえないグループ

それぞれのグループの子どもは絵を描き始めました。そして、賞状については条件どおりのことが行われました。

それから2週間後のことです。自由に遊んでもよい時間に、幼稚園の先生は紙とペンを用意しました。研究者たちは虎視眈々と子どもたちの行動を観察しています。すると興味深い行動が見られました。

「前もって賞状をもらえるとは知らないが、絵を描いたあとで賞状をもらえるグループ」と「絵を描いても何ももらえないグループ」の子どもたちは、以前と同様、熱心に絵を描きました。

ところが、「絵を描いたら『よくできました』という賞状をもらえるグループ」の子どもたちは、以前のように熱心に絵を描こうとしません。絵を描く時間も短く終わりました。

どうしてこのような違いが生じたのでしょうか――。

●大学生のモチベーションを調べる

別のこんな実験もあります。こちらは心理学者エドワード・デシによるもので、ソマ・パズルという奇妙な形をしたブロックを用いた実験です。

ソマ・パズルは７つのブロックから成っていて、それぞれのブロックは４つの立方体から成ります。ただし、いずれのブロックも４つの立方体の結合方式が異なっているため、同じ形状のものはありません。

この７つのブロックを組み合わせると多様な何千種類もの形状を作れます。遊び方のガイドには「飛行機」や「長椅子」など、完成した形状が示してあり、プレイヤーは目的の形状を目指してブロックを組み立てます。同じようなゲームが旅館に備え付けられているのを見た、という人もたぶん多いと思います。実際に遊んでみたという人もいると思います。

それはともかく、デシはパズルのプレイヤーを２つのグループに分けて実験を行いました。次のようにです。

①パズルを１つ解くごとに１ドル得られるグループ
②単にパズルを解くだけで、報酬は受け取らないグループ

ちなみにこの実験は１９６９年に実施されたものですから、当時の1ドルはなかなか価値がありました。

被験者に選ばれた大学生は、30分間ソマ・パズルに挑戦します。そのあと、実験者は質問用紙を印刷するために2、3分席をはずすと告げて部屋を出ます。そしてちょうど8分経ったのちに部屋に戻ってきます。

実は実験のポイントは、実験者が中座したこの8分間にあります。というのも、被験者が残された部屋には、大学生が興味を引きそうな雑誌が置いてあり、読むことができるようになっていたからです。要するに8分間、被験者は行動の自由を与えられたわけです。

この間にデシら実験者は、被験者の行動をつぶさに「覗き見」していました。するときわめて興味深い行動が見て取れました。

まず、報酬を受け取らないグループです。彼らは実験者が退席したあとのいわば自由時間にも熱心にソマ・パズルに挑戦する姿が見られました。しかし、金銭的報酬を受け取るグループは、受け取らないグループよりもソマ・パズルに接する時間はずっと少なかったのです。

どうしてこのような違いが生じたのでしょうか――。

●「内からのやる気」と「外からのやる気」

２例の実験を紹介しました。前者は絵を描く幼稚園児に賞状を与える実験です。また後者はソマ・パズルを解くのに報酬を与える実験です。

そしていずれの例でも、一旦報酬が与えられると、報酬を与えられたグループのほうが、与えられなかったグループよりも、絵を描くとかソマ・パズルを解くとかといった「活動それ自体」に熱心に取り組むことが少なくなりました。

では、これが何を意味するのでしょうか――。

自由時間に絵を描いたりソマ・パズルに興じたりするのは、まさにその人の自由意思によるものです。つまり幼稚園児や大学生らは、自らの意思で、興味があるからこそ絵を描いたりパズルにチャレンジしたりしたわけです。

第2章や第3章では、活動それ自体が目的となる自己目的的活動についてふれました。つまり彼らにとって絵やソマ・パズルは自己目的的活動だったわけです。だから自由時間にもかかわらず絵やソマ・パズルに多くの時間を費やしました。

これに対して報酬を与えられたグループは、目的を活動それ自体には置いていません。彼らの目的は、絵を描くことやパズルを解くことを通じた報酬です。自由時間に絵を描いたりソマ・パズルを解いたりしても報酬は得られません。その結果、自由時間に絵やソマ・パズルにふれる時間が少なくなった――。このように考えることができるわけです。

では、以上の行動の違いを「やる気」という観点から考えてみましょう。

自由時間も絵やソマ・パズルに時間を費やした子どもや大学生は、活動自体が目的となっていました。その活動は決して外部から強制されたものではありません。自らの意思で選択した活動です。したがって彼らは、自分の内側から湧き上がるやる気、心理学用語で言うならば「内発的動機づけ」によって活動しています。

平たい言葉で言うと、彼らは「内からのやる気」で活動していました。

これに対して、報酬を与えられた子どもや学生は、報酬が与えられることによって活動それ自体が目的ではなく、報酬が目的となりました。

報酬とは外部から与えられるものです。つまり彼らは外側からの動機づけ、すなわち「外発的動機づけ」によって活動していたことになります。

いわば彼らは「外からのやる気」で行動したわけです。

では、被験者になった幼稚園児のうち、絵を描くのが上達する可能性が高いのは、どのグループに属する子どもたちでしょうか。

もちろん、外からのやる気ではなく、内からのやる気で絵を描く子どもたちでしょう。なぜなら彼らは、外側からの動機づけではなく自ら率先して絵に取り組むため、自ずと絵に費やす時間が長くなるからです。

結果、そうでない子どもたちよりも絵が上達する可能性が高まります。

同様のことはソマ・パズルに挑戦した大学生にも言えます。なにしろ彼らは自由時間でも進んでソマ・パズルに挑戦する人たちですから。

当然、ソマ・パズルにふれる時間は長くなり、これはそうでない大学生よりも上手に解く可能性が高くなります。

では、ここで「上達するということ」に注目してください。

上達するということは、その活動が相対的に優れること、つまり「自分の強み」になるということにほかなりません。

第１章で自分の強みは自分で育てるものだと述べました。強みはもともと存在するものではありません。そうではなく、今の絵やパズルのように、何かのきっかけで興味を持ち、実際に始めた活動が自分にとって楽しくて、その結果、その活動に必要となる能力が高まると考えられます。

「外からのやる気」は、何らかの事情によって外側からの動機づけが消滅するとやる気も失せます。しかし「内からのやる気」は、活動それ自体に自らが熱意を持っている限り、やる気は消滅することはありません。

●自分でコントロールできる要因、できない要因

とはいえ、外側からの動機づけが全く無駄だというわけではありません。最初は金銭的報酬が目的でソマ・パズルに接した大学生が、やがてパズルを解くこと自体に楽しみを発見することもあるでしょう。

また、金銭的報酬が強い動機づけとなって、特定の活動に持てる力を徹底的に注ぎ込む人もいるに違いありません。場合によってはこの「外からのやる気」によって活動している人のほうが、「内からのやる気」から活動している人よりも、高い能力を手にすることも考えられます。

実際、私たちの職業を考えて見た場合、純粋に「内からのやる気」だけ、あるいは「外からのやる気」だけで活動している人はきわめて少数だと思います。

しかし「外からのやる気」に依存し過ぎた活動は、長続きするという観点からすると注意が必要です。「外からのやる気」は、自分でコントロールできる要因ではないからです。

私たちが関心を持つ対象は大別すると2つの領域に分かれています。1つは自分でコントロールできる要因が属する領域、もう一つは自分ではコントロールできない要因が属する領域です。

明日の天気や為替の動向、選挙の投票結果、過去の出来事など、いずれも関心の対象ではあるとしても自分の力ではコントロールできないものばかりです。

これに対して、明日は雨だと予想してレインコートを用意したり、円安に転じると考えてドルを買ったりする行為は、いずれも自分でコントロールできる要因です（もちろんその結果の良し悪しはコントロールできない要因なのですが）。

では、金銭的報酬は関心の対象のどの領域に属する要因か？

言うまでもありません。コントロールできない要因です。何かの事情で金銭的報酬が停止されることもあるかもしれません。そして、その何かの事情とは、私たちがコントロールできないものだからです。

となると、極端な話、金銭的報酬という外からのやる気（外発的動機づけ）だけで活動している人は、金銭的報酬がなくなった時点で即座にその活動をやめるでしょう。

これに対して、それをすること自体に価値を見出しているとどうか。自分にとって価値があるかないかは、まったくもって自分自身の問題です。自分でコントロールできる要因です。これが「内からのやる気」に基づく活動です。

もちろん飽きたらやめるかもしれません。しかし活動することで楽しみや幸福感が得られ続けるならば、その人はその活動を長期にわたって、ことによれば死ぬまで続けることも考えられます。

したがって、長期的に見ると、「内からのやる気」に軸足を置く人のほうが、「外からのやる気」に押されて活動する人よりも、その分野での能力が向上する可能性が高まります。

●結果よりも活動そのものに価値があるのか

これは、結果だけを動機づけにしている場合もあてはまります。勝負ごとでは結果が大切です。勝ち負けはやる気を鼓舞する重要な要因です。

しかし、結果とは自分でコントロールできない要因です。このコントロールできない結果を、活動の動機にしていると、動機そのものを失ってしまう可能性が大きくなります。

何かの資格をとろうと考えたものの、途中で投げ出したことはありませんか。誰しもそんな経験が1度や2度（あるいはもっと多く）あるはずです。お恥ずかしながら私にもあります。

そうした経験を思い出してみてください。その際に何がやる気の源泉になっていましたか？たぶんほとんどの場合、資格を取ること自体、すなわち資格の根本たる活動そのものではなく、資格を手にするという結果に焦点を合わせていたはずです。

そして何度かチャレンジしたけれど資格が取れず、結局やめてしまった――。いかがでしょう。資格試験の合格を目標にするのは大切なことです。しかし合格するか否かは自分でコントロールできません。いつまでたっても合格できないかもしれません。となるとやる気も失せるでしょう。それは金銭的報酬をモチベーションに活動していた人が、報酬が得られるかどうかあいまいになった途端、やる気が失せるのと同じです。

そしていずれもが、自分でコントロールできない要因を活動の動機づけにしている、つまり外からのやる気に軸足を置いて活動している点で同じです。

繰り返しになりますが、金銭的報酬や資格取得といった人のやる気を外側から高める要因が全て悪なわけではありません。これらは強みをさらに強化するための重要な要因として働きます。大いに活用すべきものです。

しかし軸足が「外からのやる気」に片寄りすぎた活動は、外部要因に影響を受ける可能性が大きいですから、途中でやめてしまうリスクが大きくなります。

途中でやめるとは、強みの強化を途中で放棄することです。しかし自分の強みを本当に周囲が認める強みにしようと思うならば、それこそ長い時間が必要になます。

一般にある分野で、プロ並みのスキルを獲得するには、１万時間の訓練が必要だと言われています（第８章参照）。これは1日3時間の訓練で３３３３日、すなわちだいたい10年もの時間が必要になります。

この長い時間をものともせず、特定の活動を続けるには——。

やはり、その活動が自分にとって価値があること、情熱を傾けられること、やっていて意義や喜びが感じられること、こうした「内からのやる気」に支えられることがどうしても必要になるのだと思います。

第5章　自分の「ライフスタイル」を理解する

●強みが生かされるということ

「朝からゲームばっかりして。ちょっとは勉強しなさい！」

たぶん、ほとんどの人が、かつてこんなことをお母さんから言われたのではないでしょうか。

そんな人の中には、テレビゲームという活動が、やっていてとても楽しい活動、やること自体に喜びを見出せる活動だった、と思う人がきっと多いに違いありません。

繰り返してテレビゲームをしているとスキルは必ず上達するでしょう。するとより高いレベルでゲームをすることになります。するとスキルはさらに上達します。

まさに強みがさらに強化される状態です。

しかしこのままテレビゲームで遊ぶだけに血道を上げていたら――。

たぶん社会に適応した人物になるのは困難です。実際、昔あれほど好きだったテレビゲームを、いまも当時と同様の熱意で取り組んでいる社会人はきわめて少数だと思います。

ところで本書では、自分にとって価値ある活動が強みの源泉になると述べてきました。

ならばテレビゲームが自分にとって価値ある活動であるならば、繰り返してこの活動を行うことで強み（厳密には「狭義の強み」）をさらに強化することにつながるはずです。

強みをさらに強化するという観点からすれば、そのままテレビゲームで遊び続けてもいいはずです。しかし、これだけでは何かが足りない――。

誰しも直感的にそう思うはずです。

では何が足りないのか。実はここで重要になるのが、アルフレッド・アドラーが説いた「共同体感覚」にほかなりません。

そしてこの点を説明するには、まず人類が持つ劣等感についてふれなければなりません。

●人は共同体のメンバーである

そもそもアドラーは、人間が本来的に持つ生物学的劣等性に注目しました。

地球上に存在する他の生き物をイメージしてみてください。人間の力は他の動物に比較すると非力です。走るのも決して速くありません。空を飛ぶこともできませんし、泳ぎが得意なわけでもありません。

そこで人類はこの生物学的劣等性を補うために共同体、すなわち集団を形成するようになりました。集団で住む場所を作り、集団で食べ物を確保する術を覚えた人間は、他の能力で優位に立つ生き物と互角に渡り合っていく智恵を手にします。つまり集団になることで人間は、生物学的劣等性およびそこから派生する劣等感を補ったのです（これを「補償」と呼びます）。

人間が持つ劣等感は、集団を作る契機になっただけではありません。凶暴な生き物から身を守るために武器を生み出しました。また、集団に属するメンバーとの意思疎通を円滑にするために言葉を生み出しました。

さらに集団の結束を高めるために宗教や儀式を作り出しました。あるいは、崇高なる自然を前にしたときの圧倒的無力感、劣等感は、芸術や哲学、科学を生み出す契機になったと言えます。

アドラーはこう言ったものです。

われわれは、劣等感はそれ自体では異常ではない、といった。それは人類のあらゆる進歩の原因である。（中略）実際、私には、人間の文化のすべては劣等感に基づいていると思える。

アルフレッド・アドラー著、岸見一郎訳『人生の意味の心理学（上）』（２０１０年、アルテ）

アドラーがいかに劣等感を重視したかはともかく、ここでは人類の劣等感が生み出した集団に注目してください。人類が集団を形成するようになったのは何万年も前のことでしょう。

集団を形成するとは社会を形成すると言い換えてもいいと思います。そして集団にはその規模によって様々なレベルがあります。小は家族から地域コミュニティ、これがもっと大きくなると市や県、さらには国家や地球へと広がります。アドラーはこの広がりが宇宙まで拡大する、と喝破したものです。

それはともかく、アドラーの指摘を前提にすると、私たちは生まれながらにして何らかの「集団＝共同体」に属することになります。そしてメンバーとして属する以上、共同体に「貢献」することが求められます。

今日われわれのまわりにわれわれが祖先から受け取った遺産を見れば、われわれは何を見るだろうか。それらの中で残っているものはすべて、人間の生活に貢献したものだけである。

アルフレッド・アドラー著、岸見一郎訳『人生の意味の心理学（上）』（2010年、アルテ）

アドラーが言うように、かつて人類が作り出したものを見渡してください。貿易を促すために道を作る。大海に乗り出すために船を作る。もっと速く移動するために鉄道を作る――。いかがでしょう。いずれも共同体のより豊かな暮らしに資するものだということがわかると思います。いずれも世の中に貢献するものです。

そして私たちは、道や船、鉄道といった共同体に貢献するもの、共同体に属する他のメンバーが喜ぶものを提供することで、共同体と一体化します。

この一体感――。アドラーはこれを「共同体感覚」と呼びました。

●共同体感覚と強みの関係

生まれたそのときから共同体のメンバーである私たちは、共同体に貢献することで、他のメンバーから祝福を受けます。

では、共同体により大きな貢献をしようと思ったとき、私たちはどうすべきか——。

ドラッカーの言葉を思い出してください。「何事かを成し遂げられるのは、強みによってである。弱みによって何かを行うことはできない」でした。

そうです。私たちが焦点を合わせるべきは自分の強みです。つまりこういうことです。

自分の強みを生かせる、自分にとって価値ある活動で、いかに共同体すなわち社会に貢献するか、ということです。

ここで、本章の冒頭に掲げたテレビゲームの事例を振り返ってください。テレビゲームで遊ぶという行為は、あくまで自分自身だけが楽しむ行為であって、共同体という社会には何も貢献していません。

「テレビゲーム会社に貢献しているじゃないか」

なるほど――。

でも、あなたはテレビゲーム会社のメンバーでしたっけ?

違うとしたら、自らが直接所属する共同体には何も貢献していません。テレビゲーム会社からすれば、あなたは単なる客にしか過ぎません。

自己目的的活動が自己の楽しみだけに限定されるとき、しばらくの間はその楽しみだけで暮らせるかもしれません。

しかし、共同体という社会には何の貢献もしていませんから、社会からは何の賞讃も得られません。ましてや報酬を得られるはずがありません。

結果、自己の楽しみだけを目的に生きている人は、やがて深い疎外感を感じることになるでしょう。共同体から切り離された感覚です。

この疎外感は孤独とは別ものです。

おしなべて人間は、自立して生きなければならない点できわめて孤独な存在です。それを理解した上で私たちは社会と関係を持ちます。

社会に貢献することで自分の居場所を見つけます。

社会に貢献することで賞讃を得ます。

社会に貢献することで報酬を得ます。

こうすることで私たちは社会との一体感、アドラーの言う「共同体感覚」を得ます。疎外感とは共同体から切り離された感覚です。「共同体感覚」を喪失した状態と言い換えてもいいでしょう。ですから共同体感覚の対義が疎外感だと言えます。

よって、疎外感から解放されようと思うと共同体感覚を手にする必要があります。そのためにはどうすべきか――。

繰り返しになりますが、自分の強みで共同体という社会に貢献しなければなりません。大きな貢献をするにはより強化された強みで対応する必要があるでしょう。

そしてさらに強化した強みで共同体という社会に貢献すると、さらに大きな賞讃や報酬が返ってくることでより大きな共同体感覚が得られるでしょう。

このように、私たちの強みと共同体感覚にも相互的な因果関係、相互的な強化関係が存在することがわかると思います（図５参照）。

図5　強みと共同体感覚の関係

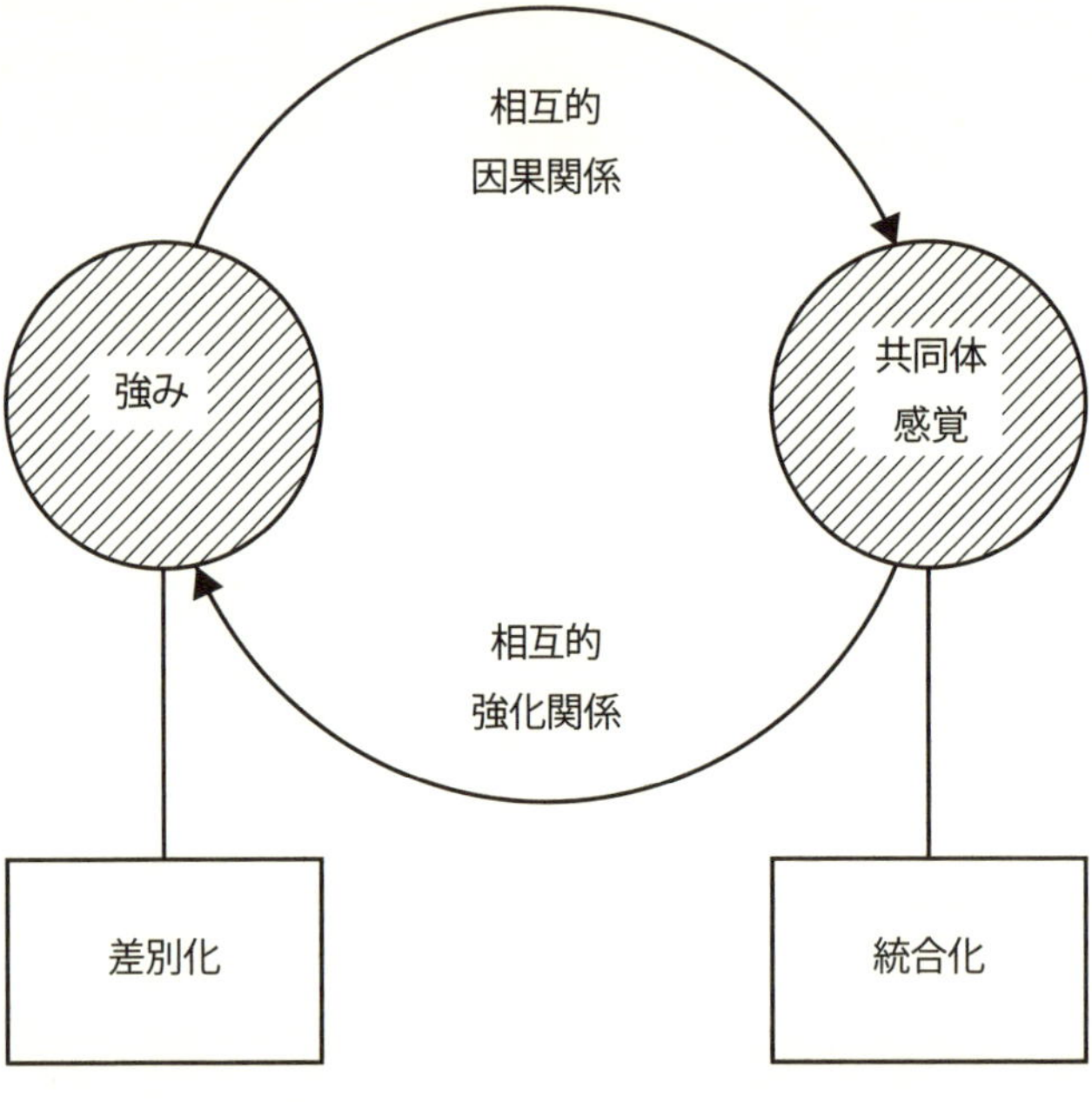

●孤高の画家の生き方

少々話が脱線しますが、私の好きな画家に田中一村がいます。たぶんこの画家の名を知っている方はきわめて少数、知っているという方はかなりの美術好き、ではないかと思います。

一村は１９０８（明治41）年に栃木県下都賀郡栃木町の彫刻家田中彌吉の長男として生まれました。幼少より画をよくして、７歳のときに児童画展で受賞して神童と呼ばれたものです。

18歳のときに東京美術学校（現東京藝術大学）に入学しました。同期にはあの東山魁夷（新吉）が在籍していました。しかし一村は家庭の事情により６月に同校を退学し、日本美術界の主流から遠く離れた位置で画業に専念します。

しかし作品はなかなか世に認められません。わずかに千葉県展、川端龍子が中心となって結成した青龍展に入選した程度でした。その間、絵を描きながら農業をして、姉とともに細々と暮らす生活が続きます。

47歳のときに一村は、四国や九州、種子島、屋久島を巡り、南国の美に魅せられます。そして50歳、一村は奄美大島への移住を決意し、以後、奄美の鳥や植物を熱心に描き続けます。

もっとも画業だけでは生活が成り立ちません。そこで一村は地元の紬《つむぎ》工場の染色工となりました。染色工として５年間働いて金を貯め、その金で３年間集中的に絵を描く。さらに次の２年間再び働いて金を貯め、千葉で個展を開く。このような「画業10年計画」を立てました。実際一村は計画通り5年間働き、仕事を辞めた次の3年間は画業に専念し、そのあとまた働きました。その間、「アダンの木」「クワズイモとソテツ」「ビロウとアカショウビン」など、見る者の目を釘付けにする傑作を次々と生み出します。

一村は自身の画業についてこう語りました。

絵かきは、わがまま勝手に描くところに、絵かきの値打ちがあるので、もしお客様の鼻息をうかがって描くようになったときは、それは生活の為の奴隷に転落したものと信じます。勝手気ままに描いたものが、偶然にも見る人の気持ちと一致することも稀にある。それでよろしいかと思います。その為に絵かきが生活に窮したとしても致し方ないことでしょう。

南日本新聞社編『アダンの画帖　田中一村伝』（1986年、道の島社）

一村の生活はまさにその言葉どおりのものでした。一村の名は中央の画壇から完全に忘れ去られ一顧だにされません。ために文字通り赤貧を洗うがごとくの生活が続きます。

一村は生活のために絵は描きませんでした。しかし、糧を得るために描きためた絵を売らなければならないこともありました。

画代は日当１０００円見当で、10号の画に換算すると1万４０００円です。ちなみに同時期に、一村の同期だった東山魁夷の絵は10号で４５０万円が相場でした。

●共同体に背を向ける覚悟はあるか

結局、希望した千葉での個展は果たされず、一村は奄美での個展開催に夢を託します。しかしそれさえも果たされず、一村は１９７７年に69歳で、無名のままこの世を去りました。

その生き方は「私の死後五十年か百年後に私の絵を認めてくれる人が出てくればいいのです。私はそのためにかいているのです」（前掲書『アダンの画帖　田中一村伝』）のような生き方でした。

本書で述べてきた立ち位置から見ると、一村の生き方は自分にとって価値ある画業にひたすら邁進するだけで、社会への短期的な貢献には背を向けた態度だった、と言えるでしょう。社会に貢献できたとしても、それは現在ではなく50年後や１００年後で構わないという態度です。

ところで一村の生前のことです。

ある若い陶芸家が一村の絵を見た際にこんな事件が起こりました。この陶芸家は絵を見ているうちに無口になり、やがて不機嫌になると、とうとう怒り出しました。そして顔を真っ赤にして一村に怒鳴りちらします。

「じいさん、お前さんはいつまで生きているつもりだ。いつまでこんな絵をかき続けるつもりだ。いいかげんに早くくたばったらどうだ」

陶芸家の言葉に一村は興奮したものの「天命がくれば死ぬでしょう」と静かに答えました。

別の人が陶芸家を引き下がらせて「なぜ、あんなことを言うのか」と無礼を非難しました。するとその陶芸家はこう言ったそうです。

「あんなじじいが、こんなすごい絵をかくかと思うと、もうわけもわからず腹が立ってどうにもならなかった」

のちにこの陶芸家はヒゲを剃り頭も短く刈って、「絵皿洗いでも手伝わせて下さい」と、一村にすっかり私淑したといいます。

またある日のこと、沖縄に絵の修業に行く若者がある人の案内で一村のもとにやって来ました。一村はちょうど絵を描いている最中でした。

若者は軒先から一間ほども離れて、直立不動の姿勢で身じろぎもせず一村の姿を見つめています。不審に思った案内人が部屋に上がれと声をかけます。しかしその若者は小一時間ほどついに立ち尽くしたままでした。絵筆をとる一村の姿が怖くて若者は近寄れなかったのです。

「とても私など近づけるお方ではありません」

こう言った若者は、その後、一村に弟子入りを申し出ます。しかし一村は弟子をとる身ではないと、若者の申し出を断りました（以上、前掲書『アダンの画帖　田中一村伝』に基づく）。

人生には、田中一村のような生き方もあるのでしょう。それは孤独と同時に社会から疎外された生き方です。共同体感覚をほとんど享受できない生き方です。

しかしながら、このような生き方をしようと思うのならば相当の覚悟が必要であることがわかると思います。覚悟が決められないのならば、やはり社会に背を向けるのではなく、貢献を通じて共同体感覚を得られる人生を築くべきなのでしょう。

なお現在、奄美大島にある総合文化施設「奄美パーク」には、「田中一村記念美術館」が設けられており、ここで一村の偉業を目にすることができます。

●「人生の目標」＝「使命（ミッション）」＝「存在理由（アイデンティティ）」

話を元に戻しましょう。こうして私たちは自分がどのような領域で人生を歩んでいくべきか、漠然とながらも把握できるようになりました。その領域とは、

①自分にとって価値ある活動
②自分の強みを発揮できる活動

③社会に貢献する活動

この3つの活動とは、第2章で述べた、私たちを差別化する3つの要因である

①価値
②狭義の強み（能力）
③貢献

にそれぞれ対応します。

そして、この3つの要因を1つの円と考えて三角形を作るように配置すれば、その重なる部分が「人生の目標」となるのでした。それは「社会のニーズに対して、自分の強みを生かせる、自分にとって価値ある活動」にほかなりません。

そして、人生の目標とは、「私は何のために生きているのか」という、きわめて哲学的な問いに対する、私たちそれぞれの回答にほかなりません。なぜなら、「私は何のために生きているのか」という問いは、「私の人生の目標は何か」の言い換えにほかならないからです。

そういう意味で人生の目標とは、私たちが生きていく上での「使命（ミッション）」と言い換える

ことができます。

また、「私は何のために生きているのか」に答えるということは、自分自身が存在する理由について明らかにすることでもあります。ですから、私たち自身の「存在理由（アイデンティティ）」を示していることにもなります。

右で見た3つの条件はある意味で自然に成立するものなのかもしれません。このように考えてみてください。

理由はわからないけれど自分にとって価値ある活動があります。その人は繰り返しその活動に時間を費やすでしょう。するとその活動に必要な能力やスキルが向上します。すると楽しいから、面白いから、もっとその能力を高めようとするでしょう。

すると、その能力でもって、やがて社会に貢献できることがわかってきます。試しにその「強み=能力」で社会に貢献してみると、何と、成果が上がりました。すると社会から賞讃が得られたではないですか。

こうしてその人はやる気が湧いてきて、さらにその強みを強化しようとする——。

いかがでしょう。このシンプルな過程で、私たちの強みは強化されていくのではないでしょうか。

本書ではこれを、「強みを強化するシンプルなシナリオ」と呼びたいと思います（図6参照）。

図６　強みを強化するシンプルなシナリオ

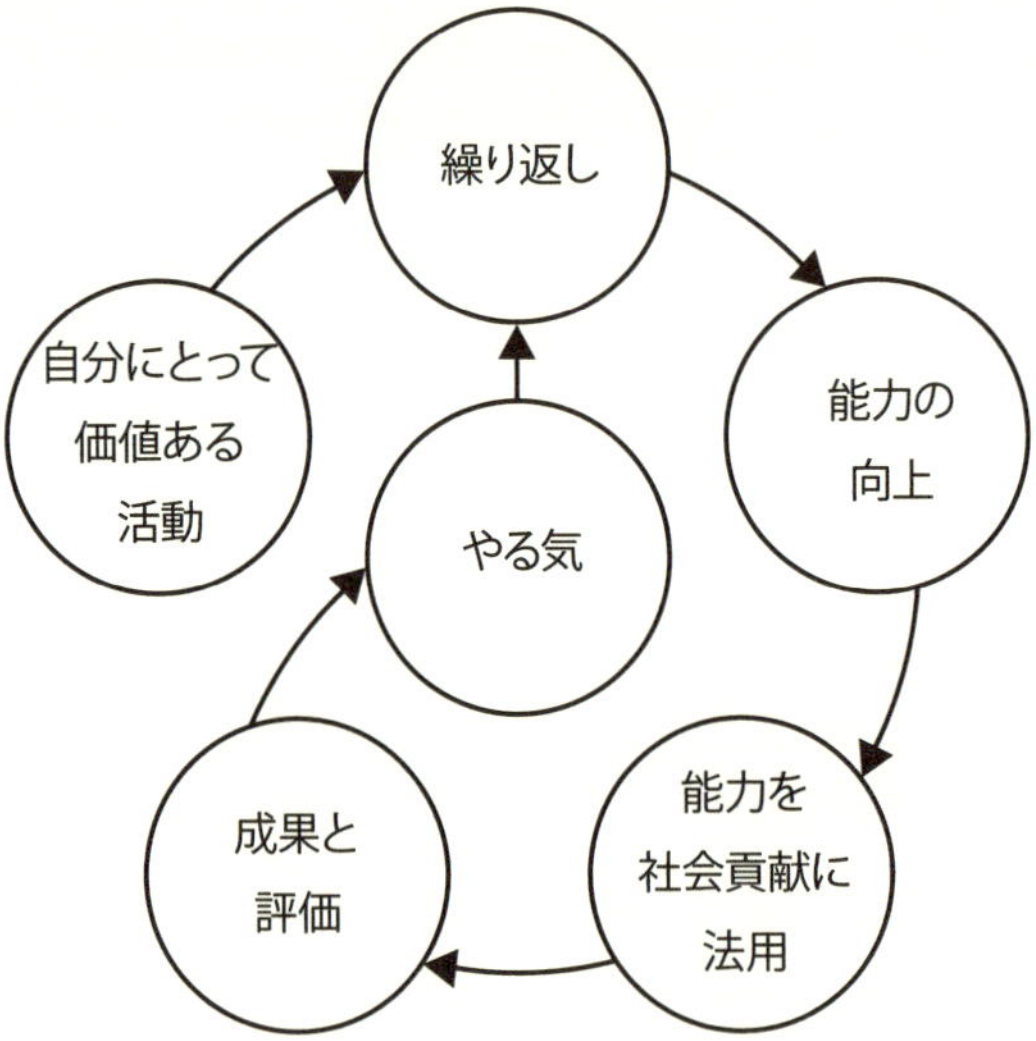

●「ライフスタイル」を再確認する

この人生の目標とは、夜空に浮かぶ月のようなものです。目の前にはっきりと映っているのに、追っても追っても追いつきません。それでも月は夜空に浮かんでいます。

この人生の目標とは、池に映る月のようなものです。目の前にはっきりと映っているのに、すくってもすくっても手にすることができません。それでも月は水面の揺らぎがおさまると再び美しい姿を現します。

それは、追っても追いつかない、すくってもすくえない、永遠に達成できないゴールみたいなものです。というのも、本当に達成できたら、それ以上生きる意味はないのですから。

しかし私たちは、それでも生きる上での使命として、届かぬゴールに向かって進みます。

とはいえ歩を進める上で、達成感がないのも余りにも心許ないではありませんか。そこで重要になるのが、人生の目標に基づいた理想像すなわちビジョンです。

10年後、20年後の私はどのような人物でありたいか。その理想の姿を描くことが「理想像（ビジョン）」にほかなりません。

高い目標を持った達成可能な理想像、10年後、20年後のビジョンを大胆に描いてみてください。

しかし10年後や20年後の理想像（ビジョン）に一足飛びに達することはできません。ならば、ビジョンを念頭に5年後の目標、1年後の目標、半年後の目標、1ヶ月後の目標、1週間後の目標、明日の目標というように、ビジョンを小目標に細分化できるでしょう。

このように短期間で達成可能な目標を設定することで、私たちが具体的になすべきことが明らかになります。そして、その目標を達成することで遠くにあるビジョンへと、確実に一歩近づくことができます。

アドラーは家屋の例を挙げて、人が持つ目標の重要性を述べました（第3章参照）。アドラーが言うように目標は私たちを動かす大きな原動力となります。

いいえ、それどころか、目標がなければ人は何のために活動しているのかわかりません。自律的な生を歩むのに、目標を持つことは必要条件だと言えます。

私たちは目標を達成するために具体的な行動を起こします。その際に行動の拠り所となるのが「価値観（バリュー）」です。これは人として忘れてはならない行動の原則と言えます。

行動の原則には多様なものがあります。誠実、真摯、正直、勤勉、尊敬、忍耐、責任等々、これらはいずれも人として失ってはならない価値観です。

こうして私たちは、「使命（ミッション）」（または「存在理由」）という強固な基礎の上に立ち、遠い先にある「理想像（ビジョン）」を灯火として、「価値観（バリュー）」に従って、1つずつ目標を達成していきます。

ちなみに企業では、よく企業理念という言葉を用います。もっとも企業理念の定義はまちまちで、その企業の「使命」あるいは「存在理由」のみを表現したものや、行動に際しての「価値観」だけを表現したものなどが見られます。

しかしながら、本来、企業理念と呼ぶものは、ここで言う「使命（ミッション）」「理想像（ビジョン）」「価値観（バリュー）」という3つの要素を含むべきものだと言えます。

逆に言うならば、「使命（ミッション）」「理想像（ビジョン）」「価値観（バリュー）」という３つの観点から企業について考えることで、企業理念を作り上げることができるわけです。

アドラーは、企業の企業理念に相当する、私たちが持つ人生の根本的な目標、および人生をどのように意味づけてどのように生きるかという、その人独自の生き方の態度をも含めて「ライフスタイル」と呼びました。そして、このライフスタイルは、その人の幼児期に、その人が知らぬうちに形成される、とアドラーは述べました（第3章参照）。

私たちが今までにこの本で行ってきた作業は、実は自分にとってのライフスタイルを再確認する作業だったとも言えます。

自分にとっての価値ある活動から出発して、自分の強みで社会に貢献する領域について考えました。これが私たちの人生の目標、生きる上での使命となります。そして使命を念頭に10年、20年先の理想像を描き、細分化した目標に向かって価値観に従って行動します。

以上について考えることは、私たちの人生の目標や目標へアプローチするための態度を考えることであり、すなわちライフスタイルを再確認することにほかなりません。

●ライフスタイルは作り変えられる

しかしながら、人は得てして知らないうちに間違ったライフスタイルを形成しがちです。間違ったライフスタイルの典型が、社会への貢献を優先するのではなく、自己の楽しみや快楽のみに焦点を合わせたものです（テレビゲームにふける生き方を思い出してください）。アドラーはこれを私的論理に基づいたライフスタイルだと指摘しました。

間違ったライフスタイルは修正が可能です。というのも、ライフスタイルは虚構だからです。アドラーがこんなことを言っています。子午線をイメージしてください。子午線は実在しません。人間が勝手に作った虚構です。

しかし子午線があるから、私たちは自分の位置を特定できます。進むべき方向を特定できます。私たちのライフスタイルも子午線のようなものです。それは自分という存在の位置づけを明らかにするとともに、これから先どこに向かって進むのかを示してくれます。

とはいえ間違った子午線やライフスタイルでは、位置も方向もデタラメになります。しかしいずれも虚構なのですから作り直すことが可能です。

中でも私的論理に基づくライフスタイルは大きな問題です。アドラーは言います。

最悪の準備は、常に自分自身の利益を促進することを求めることを学んでいた人の行う準備である。これは悲惨なアプローチである。私ならそのような人を馬のはみを臀部からつけようとする人に喩えるだろう。それは、何かをするには誤った方法である。

アルフレッド・アドラー著、岸見一郎訳『人生の意味の心理学（下）』（２０１０年、アルテ）

私的論理に基づくライフスタイルは、コモンセンスに従ったライフスタイルに作り直さなければなりません。

コモンセンスとは「共同体が価値を置くもの」と言い換えられます。自分自身のライフスタイルを私的論理ではなくコモンセンスを基礎にして再構築することで、私たちは社会に貢献することが可能になります。

そして共同体の一部であることを認識することで共同体感覚を得られます。

ならば、あの田中一村は本当にコモンセンスに背を向けて生きたのでしょうか——。

短期的にそうかもしれません。しかし一村は50年後、１００年後に自分の絵を認めてくれる人が出てくることを信じていました。

よく考えてみると、これは今現在ではなく将来における社会への貢献を考えていた態度と言えるのではないでしょうか。

だから実は一村も長期的な視野に立ってコモンセンスに従って生きていた——。

私にはそのように思えるのです。

第6章　効果的な「フィードバック」はこうして実行する

●強みを強化するための最強の方法

前章でも見たように、アドラーは人が持つ目標をことさら重視しました。そしてその目標は、他者の生に貢献するもの、つまりコモンセンスに基づくべきだと述べました。

また、本書の冒頭に登場した経営学者ピーター・ドラッカーも、目標の重要性を繰り返し述べた人物です。

中でもドラッカーは、「強み」の関連で目標、そして目標に基づく「フィードバック」について言及した点が大きな特徴になっています。

ドラッカーの目標理論としてあまりにも著名なのが「目標と自己管理によるマネジメント（略称目標管理）」です。目標管理は、ドラッカーが1954（昭和29）年に出版した、世界で初めてマネジメントを総合的に扱った著作『現代の経営』（1956年、ダイヤモンド社）の中で公開されたものです。

私たちが組織の一員として成果を上げるには、まず、組織の使命を理解し、自分のなすべきことを明らかにします。

そしてこのなすべきことにおいて期待できる成果を目標に設定して行動を起こします。そして期待した成果と実際の結果を比較検討し、次の目標にフィードバックします。

この目標管理の核となる技法を特に「フィードバック分析」と呼びます。

そしてドラッカーはこう喝破します。

強みを知る方法は一つしかない。フィードバック分析である。何かをすることに決めたならば、何を期待するかを直ちに書きとめておかなければならない。そして九ヵ月後、一年後に、その期待と実際の結果を照合しなければならない。私自身は、これを五〇年続けている。

ピーター・ドラッカー著、上田惇生訳『明日を支配するもの』(1999年、ダイヤモンド社)

前章では「使命(ミッション)」から「理想像(ビジョン)」を描き、それを細分化することで目標を設定する重要性について記しました。引き続き本章では、設定した目標に、ドラッカーが「強みを知る方法は一つしかない」と言うフィードバック分析を適用することで、強みをより強くする具体的手法について考えたいと思います。

●フィードバック分析とは何か

フィードバック分析は決して難しい技法ではありません。右にも記したように、当初の目標と実際の結果を比較する作業です。

この活動を、1週間や1ヵ月、3ヵ月などの期限を切って定期的に実行します。ドラッカーの場合、右の記述では9ヶ月後や1年後となっていますが、もともとは新聞記者時代に編集長と行った1週間ごとおよび6ヶ月ごとのミーティングが、フィードバック分析の基になっています。

特にドラッカーの記憶に残っているのが半年ごとのミーティングにおけるフィードバック分析でした。このミーティングでは最初に次のことが話し合われました。

①半年間でやった優れた仕事は何か
②一所懸命やった仕事は何か
③お粗末な仕事や失敗した仕事は何か

まずここでは、半年間に行った仕事の評価を行います。

ドラッカーの記憶によると、編集長は必ずよくできた仕事の評価から始め、その後、一所懸命にやったけれど結果がなかなかでなかった仕事の話をしたといいます。そして最後に、できの悪かった仕事の話がありました。

この話の順番は、よくできなかったこと（弱み）よりも、よくできたこと（強み）を優先している点に注目すべきです。

その上で、今後のことについて考えて新たな目標を設定します。その際に次の3つの項目を検討したといいます。

①集中すべきことは何か
②改善すべきことは何か
③勉強すべきことは何か

後者の①〜③に関する方針は、前者の①〜③の事実から導き出したものです。これがフィードバッグ分析の真骨頂にほかなりません。

「①集中すべきこと」とは、得意な分野の強みをさらに強化するための注目すべき点です。よくできた仕事をさらによくできるように、集中すべきことを明らかにします。

同時に行ってはならないことも明らかにします。

これは自分の弱点にかかわる分野の仕事です。集中すべきは、このような活動ではなく、自分の強みをさらに強化する活動です。

次に「②改善すべきこと」とは、強みの障害になっている弱点を明らかにすることです。そしてこの弱点を克服して、強みをさらに強化します。

間違ってはいけないのは、強みの改善につながらない弱点を克服しても仕方がないということです。そうした弱点を克服して平均的な能力を身につけたとしても、その能力で達成できるのは平均的なことです。

卓越した成果を上げるのは、弱みや平均ではなく強みでしかありません。

さらに「③勉強すべきこと」とは、知的進歩に対する謙虚な気持ちを持つということです。得して成果が上げられないのは、その結果を達成するのに必要な知識がなかったことが原因になることが多いものです。ですから自分の能力をさらに高める知識の習得が欠かせません。

●フィードバック分析に不可欠な目標

ドラッカーが述べるフィードバック分析の枠組みは、半年間を単位にしています。しかしながら、内容を見てもらえればわかるように、短期ならば1週間、やや長期ならば1年を単位にしても利用できます。

そしていずれの場合でも、適切なフィードバック分析を実行しようと思うと、明確な目標が不可欠になります。そしてこの目標には種類があります。

同様のことを姉妹書『アドラー心理学による「やる気」のマネジメント』で詳しくふれましたが、ここでは「やる気」ではなく「目標」に軸足を置きながら説明しましょう。

まず、「命令と自律のマトリックス」を用いて私たちの活動を4つに分類します。「命令と自律のマトリックス」とは、縦軸に「自律性」、横軸に「命令」をとり、それぞれ「ある」「なし」の基準を設けます。これにより次の4つの象限を持つマトリックスを作れます。

①自律性あり×命令あり……第Ⅰ象限
②自律性あり×命令なし……第Ⅱ象限
③自律性なし×命令あり……第Ⅲ象限
④自律性なし×命令なし……第Ⅳ象限

私たちの日常的な活動はこのマトリックスのいずれかに位置づけられるものです。

この本を読んでいる人には少ないと思いますが、命令も自律性もない状態で無為に時間を浪費している活動は「④自律性なし×命令なし」の第Ⅳ象限に属するでしょう。

また命令されて嫌々やる活動は「③自律性なし×命令あり」の第Ⅲ象限に属するでしょう。

これに対して、命令や指示はあるものの、より自律的に行動する場合、この活動は「②自律性あり×命令あり」の第Ⅰ象限に属します。

さらに、前章でふれたビジョンから生み出された目標を考えてみてください。これは誰かに強制されたものではなく自らの意思で掲げた目標です。

したがって、この目標を達成しようとする活動は「②自律性あり×命令なし」の第Ⅱ象限に属することになるでしょう。

では、これら４つの活動を目標という観点で考えて見てください。一言でとりまとめると次のようになります。

①第Ⅰ象限「自律性あり×命令あり」……自分ごとの目標
②第Ⅱ象限「自律性あり×命令なし」……自分ならではの目標
③第Ⅲ象限「自律性なし×命令あり」……強制された目標
④第Ⅳ象限「自律性なし×命令なし」……目標の欠如

これをシンプルに図示すると次のようになります（図７参照）。

図７　命令と自律のマトリックス

		命令	
		あり	なし
自律性	あり	第Ⅰ象現	第Ⅱ象現
	なし	第Ⅲ象現	第Ⅳ象現

●「自分ならではの目標」をより多く掲げる

人生が無意味に感じる――。

このように思う時、得てして私たちは目標を失った状態にあるのだと思います。そう、第Ⅳ象限に身を置いている状態です。

アドラーは目標こそが人間を動かす原動力だと考えました。ドラッカーは成果を上げる人物になるのに目標は欠かせないと考えました。

どうもやる気が起こらない、何もかも無意味に思えて仕方がない――。

このように感じたら、まず、目標を持つことが欠かせません。言い換えると、第Ⅳ象限から抜け出すには、明確な目標が必要になるわけです。

もっとも、その目標が人から与えられたもので乗り気がしないとしたら、嫌々対応することになるでしょう。

これが第Ⅲ象限に属する活動です。

しかし、第Ⅲ象限の活動は、ものごとの見方を変えることで、第Ⅰ象限に引き上げることができます。

たとえば、あなたの上司から「この書類の校正を来週月曜日までにやっておいてくれ」と命じられたとしましょう。

これを嫌々作業して月曜日に間に合わせたらその活動は第Ⅲ象限に属します。

しかし、月曜日ではなく自らの意思で週末の金曜日をデッドラインにしたとしましょう。驚くことにたったこれだけのことで、命じられた作業が、自らの意思で行う作業に早変わりします。

というのも、新たに設定した締め切りの金曜日は上司から命じられたものではありません。自発的に設定した目標だからです。

このように命じられた仕事の期限を自ら前倒しで決めることを、私は「前倒し主義」と呼んでいます。

この前倒し主義を実践するだけで、「強制された目標」が、自らが自発的に設定する「自分ごとの目標」、すなわち第Ⅰ領域に属する目標に早変わりします。

さらに、右のような仕事について、単に誤字脱字の校正をするだけでなく、内容の不備についてもチェックしたとしたらどうでしょう。

上司は内容の不備をチェックせよとは命じていません。しかしそれ以上の目標を、自らの意思で設定するわけです。

この新たな目標は、命令なしで自ら設定したもの、つまり「自律性あり×命令なし」の第Ⅱ領域に属する目標へと格上げできます。

つまりこういうことです。言われた以上のことをする——。これが第Ⅲ象限の仕事を第Ⅰ象限や第Ⅱ象限にワープさせる極意です。

「言われた以上のこと」の第1歩が「前倒し主義」です。これにより目標は「自分ごとの目標」になります。ここへオリジナルの目標を加えることで第Ⅰ象限の活動をさらに第Ⅱ象限に引き上げられます。「言われた以上のこと」とは、命令もなしに自らが自発的に設定した目標、つまり「自分ならではの目標」にほかなりません。

このように、目標には種類があることを理解して、その上で第Ⅱ象限に属する「自分ならではの目標」の数を、できるだけ多く持つようにすべきです。

●目標に欠かせない3つの要素

それぞれの目標について「強制された目標」「自分ごとの目標」「自分ならではの目標」のいずれに属するのか考えることは、目標の質について考えることです。これに加えて、目標のレベルについても考えるべきです。

ある分野で何かを達成しようとしたとき、その目標のレベルが自分の能力に比べてあまりにも高過ぎては、そもそもやる気が失せるでしょう。また、目標のレベルが低過ぎても同様です。したがって、自分のスキルでギリギリ達成できる高い目標を、期待する具体的な成果として設定します（第9章参照）。

以上から目標の設定には次の3つの要素が欠かせないことがわかります。

①実行すべきこと
②デッドライン（締め切り）
③期待する具体的な成果

ドラッカーが言うように、何かやると決めたら、この3つの要素を記録することが欠かせません。これは事後の結果と当初期待した成果を比較するためです。

この比較作業を実行することで、「①優れた仕事は何か」「②一生懸命やった仕事は何か」「③お粗末な仕事や失敗した仕事は何か」がはっきりとわかるはずです。

そして得られた分析内容から、「①集中すべきことは何か」「②改善すべきことは何か」「③勉強すべきことは何か」を明らかにして、新たな目標を掲げます。もちろんその際に右に記した3つの要素を必ず盛り込みます。

やがて活動を終えたら再びフィードバック分析を実行し、分析結果をさらに新たな目標に生かします。

●強みを本当に強くするということ

ここで今までに本書で述べてきたことを振り返ってみてください。

本書ではまず「自分にとって価値あること」に注目しました。この価値あると思うことを繰り返し実行することで、私たちはそれぞれが自分固有の能力を伸ばします。

しかし、その能力を私的な目的にだけに利用していては宝の持ち腐れです。人が生きる上で大切な共同体感覚も得られません。

そこでその能力を、人やコミュニティ、社会が持つニーズの解消に活用することを考えます。こうして私たちは、どの領域で活動して社会に貢献するのか、すなわち自分の使命や存在理由が明らかになってきます。その上で長期的な理想像（ビジョン）を描き、それに近づくための目標を設定します。

目標には人から強制されるものもあります。しかし、「前倒し主義」や「言われた以上のことをする」という態度で、「強制された目標」を「自分ならではの目標」に引き上げます。

この自らの意思で設定する「自分ならではの目標」は、将来の理想とする自分に近づくためのものになっているはずです。

そういう意味でこの目標はビジョンと直結するものと言えます。

さらに、掲げた目標についてはデッドラインや具体的な成果を明記し、実際に実行に移します。

そして得られた結果と期待した成果を比較します。

このフィードバック分析を基礎にして新たな目標を設定して実行に移します。そして再びフィードバック分析を実行して新たな目標を設定する――。

この活動の繰り返しが、本書で言う「人生のフィードバック・ループ」にほかなりません。

そして、フィードバック・ループを回し続けることで、私たちの強みはさらに強化され、より高い目標を掲げることが可能になります。

そして高い目標を達成するということは、社会が持つより高いニーズに応えるということです（図8参照）。

図８　真に自分らしい自分になる

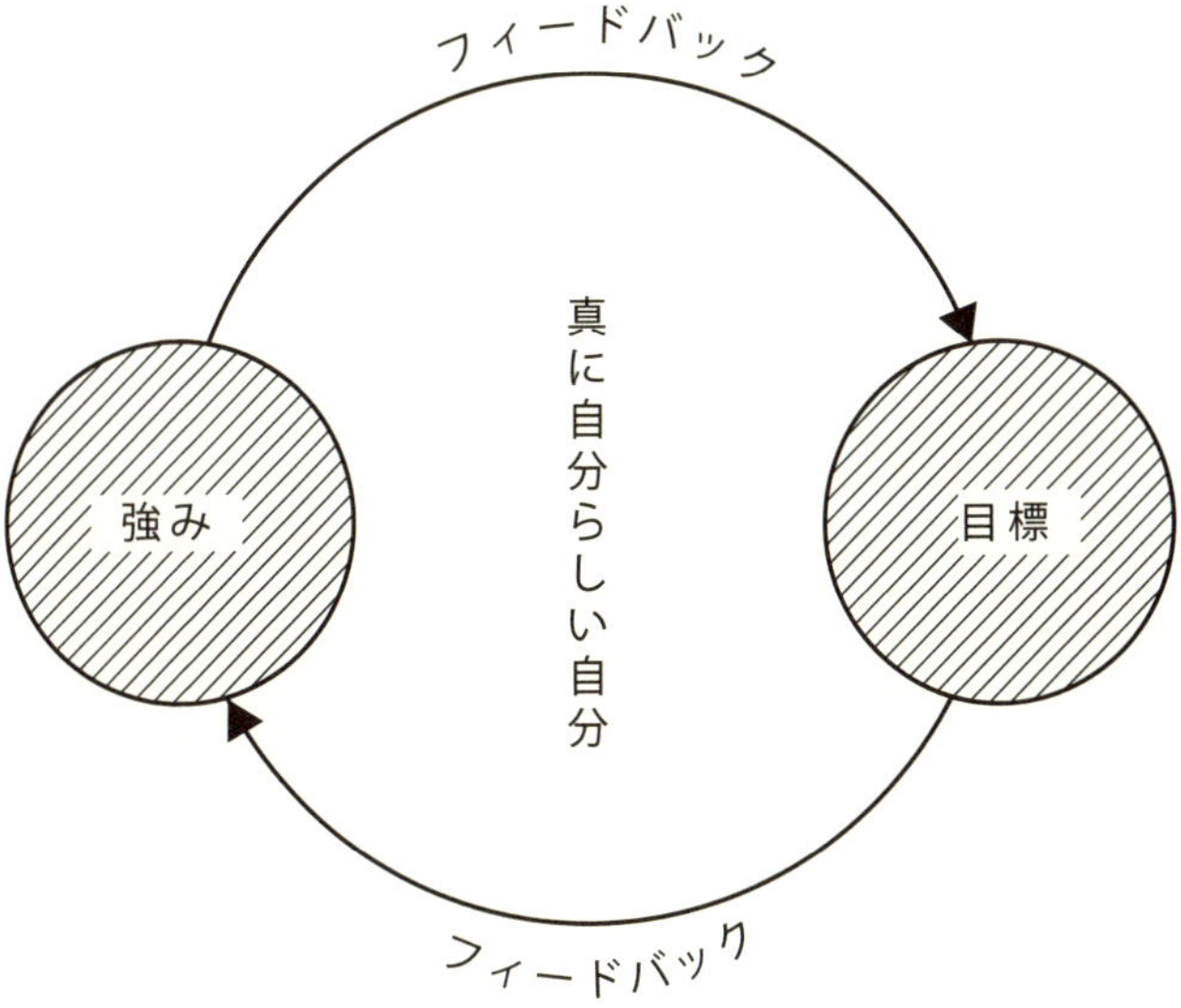

そうすれば何が起きるか――。

繰り返して述べているように、社会から大きな評価を得られでしょう。それは金銭的な報酬となって返ってくることでしょう。

すると私たちのやる気はさらに高まります。もっと高い目標を掲げて、社会的ニーズをより高度に達成しようとします。

そのためには、強みをさらに強化することが欠かせません。

こうして私たちは、それぞれが持つ独自の強みを強化すること、1人ひとりが個性ある存在として独立することで徹底した差別化をはかります。同時に、社会と良好な関係を結ぶことで徹底した統合化をはかります。

そして差別化と統合化は相互的な因果関係であり、相互的な強化関係であることはすでに述べました。

これを繰り返すということ、人生のフィードバック・ループを回し続けるということは、真に「自分らしい自分」へと成長することにほかなりません。

強みを強化するということは、真に自分らしい自分になること、本当になりたい自分になることです。

　そしてドラッカーの考え方に従うならば、自分の強みを強化する唯一の方法、言い換えると自分が本当に自分らしく生きるための唯一の方法、それがフィードバック分析だ、ということになるわけです。

第7章　強みの強化に欠かせない「差別化の手法」を学ぶ

●トレードオフと海幸彦・山幸彦神話

前章では、ドラッカーが指摘した強みを強化するための手法であるフィードバック分析について述べました。このフィードバック分析をより上手に活用して、強みをより効果的に強くする方法が存在します。

本章で考える「トレードオフ」とトレードオフを実践する具体的方法がそれにほかなりません。

トレードオフとは、一方を増やしたければ他方を減らさなければならないという意味である。機内食を提供するという選択肢もあるし（その代わり、コストはかかるし発着作業時間も長くなる）、提供しないという選択肢もある。だが、両方を同時に選ぼうとすればかなりの非効率は避けられない。

マイケル・ポーター著、竹内弘高訳『競争戦略論Ｉ』（１９９９年、ダイヤモンド社）

トレードオフについて右のように述べたのは、競争戦略で著名な経営学者マイケル・ポーターです。

このトレードオフが強みの強化にどう役立つのか、以下、いくつかの事例を通じて考えてみたいと思います。

まず取り上げたいのは、皆さんもよくご存知の、古典『古事記』に載る「海幸彦《うみさちひこ》・山幸彦《やまさちひこ》」の神話です。兄の海幸彦は海の幸を、また弟の山幸彦は山の幸を、それぞれ獲って生活していました。ある日弟の山幸彦がおのおのの仕事を取り替えようと言い出しました。

最初は渋っていた海幸彦です。しかし、山幸彦の再三の申し出により仕事道具の交換に同意しました。ところが山幸彦は、海で魚を釣っている最中に、獲物をまったく得られないばかりか、海幸彦が大事にしていた釣り針をなくしてしまいます。

山幸彦は剣から最初は５００個の釣り針、次に１０００個の釣り針を作って弁償しようとしました。しかし海幸彦は元の釣り針を返せと譲りません。山幸彦は途方に暮れるばかりです——。

その後山幸彦は、不思議な玉を手に入れて、無理難題を強いる海幸彦をこらしめるのですが、それはともかく、ここでは釣り針をなくして途方に暮れる山幸彦に焦点を合わせましょう。

山幸彦の失敗は、自分の得意でない分野である海釣りに手を出したことです。これはポーターの言葉を借りるならば、「両方を同時に選ぼう」とする態度です。そうすれば非効率は避けられないとポーターは言いましたが、実際、山幸彦は手痛い罰を受けることになりました。

つまりトレードオフという観点から見れば山幸彦は、山の猟と海の漁、どちらにも手を出すのではなく、山の猟だけに精を出すべきでした。山幸彦が与えられた罰とは、この原理原則を破った報いにほかなりません。

●トレードオフを実践した人たち

私たちは完璧な人物を目指して、あれにもこれにも手を出しがちです。山幸彦はそんな私たちの象徴だと言えるでしょう。

しかし何かで卓越しようと思うと、捨てなければならないものが必ず出てきます。というのも、何かに卓越するには、能力を磨くために多大な時間を必要とするからです。

時間は万人にとって平等です。ですから何かに卓越しようと思うと、別の何かをすることを諦めてそのことに時間を割かなければなりません。つまり何かに卓越することは別の何かを捨てることです。これがトレードオフの考え方です。

ところがトレードオフに反した考え方では、そうしないと損であるかのように同時にあれもしてこれもしようとします。その結果は――。

だいたい目に見えていますよね。そう、二兎を追う者一兎を得ずではないですが、結局全てが中途半端に終わります。

中途半端な能力で大きな成果を上げることができるでしょうか。もちろんできません。つまり大きな成果を上げるには、厳しいトレードオフが不可欠になるわけです。

たとえば、画家ギュスターブ・ドレの例を見てみましょう。ドレは19世紀フランスの版画家で当初は新聞紙上に風刺画を発表して人気を得ました。しかしドレはその仕事に満足せず、『聖書』、ダンテの『神曲』、ミルトンの『失楽園』などの挿絵を手掛けて出版し、版画家として不動の地位を築きました。

ある日のことです。画家で随筆家、美術評論家でもあるフィリップ・ハマトンが、ドレのアトリエを訪れる機会を得ました。

ドレは当代随一の人気を誇る版画家だから、人気小説家ヴィクトル・ユゴーのような、さぞや豪華なアトリエを構えているのだろう、とハマトンは想像しました。

ところが実際にアトリエを訪れると、そこにあるのはカンヴァスと画架、絵の具のチューブが乱雑に投げ出してあるモミの木のテーブル、それに安物の椅子が2脚だけでした。

この簡素なアトリエを見たハマトンはこのように述べています。

確かに画家には、絵を描く喜びがあればそれでいいのです。その部屋の特徴は、質素で仕事がしやすいように整頓されているということだけで、楽しい想像力を駆り立てるようなものはなにもありませんでした。（中略）いちばん賢明なのは、各自の経験から、仕事をする場合それがあれば都合がいいとわかっているものを身の回りに備えるということではないでしょうか。

フィリップ・ハマトン著、渡部昇一他訳
『P・G・ハマトンの知的生活』（1994年、三笠書房）

これが、ドレのアトリエから得たハマトンの教訓です。では、もう1人登場を願いましょう。今度はアメリカの作家スティーブン・キングです。

キングは小説『キャリー』で一躍人気作家になると、前から憧れていた「樫の一枚板を使った重厚なデスク」を手に入れました。そしてこのデスクを天窓のある広い書斎の真ん中に据えて仕事をしました。

その間、キングは『シャイニング』や『ミザリー』などの著名作を世に送り出します。しかし同時にキングは酒に溺れ麻薬に手を出すようになりました。

本人の弁によると、「書けなくなることを考えると背筋が寒くなった」ため、酒や麻薬で気を紛らわしたのです。

仕事のために手に入れた樫のデスクの上にはビールの空き缶が散乱していました。

その後、酒と麻薬から足を洗ったキングは、樫のデスクを撤去します。

そして手作りの工芸品で以前よりも半分くらいのサイズのデスクを、西の隅のひさしの下に置いて仕事を再開しました。

こうして今、私はこのデスクに向かっている。（中略）何はともあれ、デスクは部屋の隅に置くことだ。物を書く気でデスクに向かう時はいつも、なぜ隅っこなのか、自分に言って聞かせるといい。

スティーブン・キング著、池央耿訳『小説作法』（2001年、アーティストハウス）

ギュスターブ・ドレは、絵を描くために徹底したトレードオフを実践した結果、アトリエにはカンヴァスと画架、絵の具のチューブが乱雑に投げ出してあるモミの木のテーブル、それに安物の椅子2脚しか残らなかったのでしょう。

また、スティーブン・キングにとって、「天窓のある広い書斎の真ん中に据えた樫の一枚板を使った重厚なデスク」は、トレードオフを実践しなかったその象徴、キングにとって執筆という行為には不必要なものだったと言えます。

これに対して、部屋の隅のひさしの下に置いた小さなデスクが、キングにとって執筆に必要十分なものだったわけです。これはキングにとってトレードオフを実践した結果だと言えるでしょう。

そしてトレードオフを実践することで、私たちは他の人にない、本当に自分らしい特徴を際立たせることができます。トレードオフによって独自の路線をとることで、他の人と徹底した差別化をはかることができます。

●ホテリング・モデルと差別化最初の原理

ホテリング・モデルという言葉をご存知でしょうか。

これはアメリカの数理統計学者ハロルド・ホテリングが提唱したもので、店舗の立地に関する問題を分析してモデル化したものです。

ある海岸に海の家が２軒あります。１軒は海岸の東の端、もう１軒は西の端に店舗を構えていました。東西の店主はもっと多くの客に商品を販売したいと考え、それぞれの海の家は店舗を、客が多くいる中央寄りに５００ｍずつ移動しました。

しかし東西の店主はそれでも売上に満足できません。さらなる売上増を狙って店舗を、さらに客が多くいる中央寄りに移しました。

こうして、両店主は繰り返し店舗を中央寄りに移動します。その結果どうなったでしょう。

そう、両方の海の家は、海岸のちょうど中央で肩寄せ合うように軒を並べ、顧客争奪戦を繰り広げることになりました（図９参照）。

東西の端に位置したとき、両店は差別化されていました。これはそれぞれの店舗がトレードオフを実践している状態です。

しかし利益の最大化を狙うことで両海の家は、極めて近接した位置に店を構えるようになりまし

図９　ホテリング・モデル

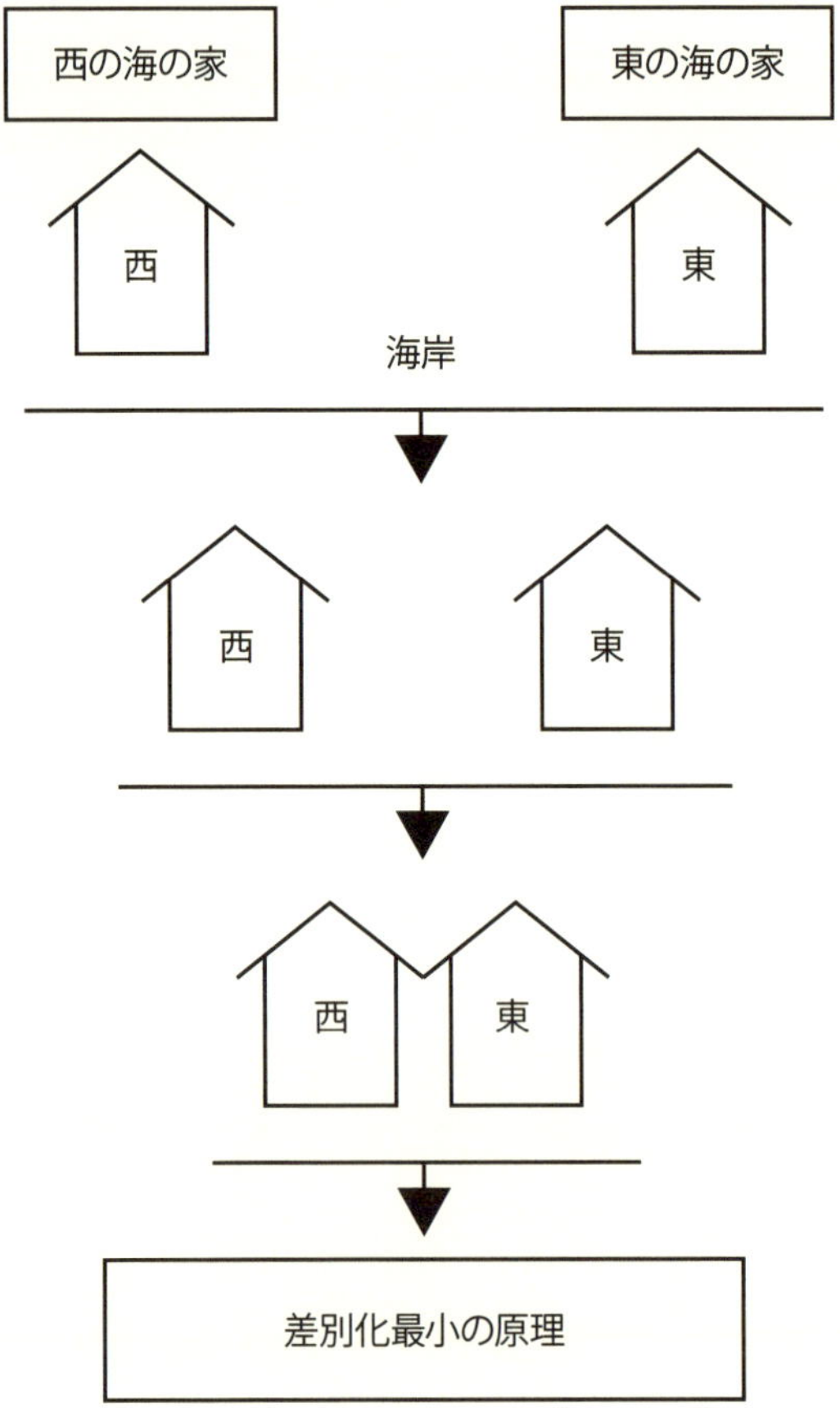

た。同じ立地に店を構えることで両店舗の差別化された特徴は最小化しました。この「差別化最小の原理」がホテリング・モデルの特徴です。

ホテリング・モデルは海の家だけに見られる現象ではありません。

スマートフォンを見てください。どれもよく似ていると思いませんか。

テレビ番組を見てください。どのチャンネルを回しても似た番組しか放送していません。

政党を見てください。いまやいずれが保守で、いずれが革新なのかわからない状況です。

ミュージシャンを見てください。昔はとんがっていたあのミュージシャンが、今では大衆受けする曲ばかり作っています。

いずれも、より多くの顧客を得たい、より多くの視聴率を得たい、より多くの支持を得たい、もっと人気者になりたいという動機が、差別化最小の原理を働かせたのだと言えます。

同じことは私たちにも言えます。強みの強化ではなく、弱点の克服を繰り返し行ってみてください。私たちは平均的な人間、万人受けする人間になれるかもしれません。

しかし、それは本当の自分自身という、自分にとってかけがえのない存在が埋没してしまうことを意味します。いわば「存在理由（アイデンティティ）」の否定です。これでは「本当に自分らしい自分」を実現しているとはとうてい言えません。

●「4つのアクション」を実行せよ

このように考えると、強みを強化して本当に自分らしい自分になるには、徹底したトレードオフが欠かせないことがわかります。

そしてこのトレードオフを徹底的に実践するためのとっておきの方法があります。「4つのアクション」がそれです。

この手法は経営学者チャン・キムとレネ・モボルニュが著作『ブルー・オーシャン戦略』（2013年、ダイヤモンド社）で公開したものです。きわめてシンプルな手法ながら、トレードオフの実践にとても効果的です。

名称が示すようにこの手法では、「4つのアクション（行動）」を実行することで、独自の路線を際立たせることを目的にしています。4つのアクションとは次のとおりです（図10参照）。

①取り除く
②大胆に減らす
③付け加える
④大胆に増やす

図10　4つのアクション

取り除く	付け加える
大胆に減らす	大胆に増やす

出典：チャン・キム、レネ・モボルニュ著、有賀祐子訳『ブルー・オーシャン戦略』（2013年、ダイヤモンド社）を基に作成

この4つのアクションを自分自身に実行して、徹底したトレードオフを実践するのがここでの眼目です。

では、フィードバック分析により、自分自身が集中しなければならない活動がわかっているとします。そうしたらその集中に不必要な要素や活動を考えます。

集中するにあたり、たとえば「海幸彦が得意とする海釣り」に手を染める必要があるでしょうか。「樫の木の1枚板を使った重厚なデスク」は必要でしょうか。不必要なものはばっさりと斬り捨てます。これが「①取り除く」の活動です。

続いて費やす時間を大幅に削減する活動について考えます。長時間テレビを見ることは必要でしょうか。通勤途中のスマホゲームは必要でしょうか。友人とたむろするのは楽しいかもしれませんが、それは自分が本当に集中しようとするものに資する活動でしょうか。これらを見直して活動そのものを「②大胆に減らす」ことを目指します。

次に「③付け加える」ものについて考えます。集中すべきことが明らかになったら勉強すべきことも明らかになるでしょう。新たな知識を得るために、たとえば心機一転して学校に通うのは、まさに「付け加える」活動です。

最後に「④大胆に増やす」ものを考えます。集中すべき分野に関する知識を豊かにするために、読書量を現在の倍にするのは、まさに「大胆に増やす」行為にほかなりません。

以上の４つのアクションを実行することで、私たちがとる活動から無駄を削ぎ落とし、真に集中すべきことに集中できる態勢をとれるのかがわかると思います。厳しくトレードオフを実践した結果は、ちょうどギュスターブ・ドレのアトリエのような姿になるに違いありません。

●無価値なものを価値あるものにする

ところでビジネスではイノベーションという言葉をよく用います。これは一般に「技術革新」と訳されます。しかし、イノベーションは技術に特化した革新を意味するのではありません。あらゆるものごとに革新（イノベーション）はつきものです。

実際、私たち自身をイノベーションすることも可能です。そして、４つのアクションの実践は、私たち自身のイノベーションと深く関わりがあります。

私はイノベーションを、

無価値なものを価値あるものにする活動

と定義しています。また、消極的には「価値の低いものをより価値あるものにする活動」もイノベーションの定義になるでしょう。

たとえば、インターネットで利用する検索サイトを考えてみてください。検索サイトでキーワードを入力すると関連するウェブサイトが一覧になります。

キーワードの入力者にとっては、検索結果が一覧になるのはとても便利なことです。しかしながら検索結果を提供するサイト運営者側からすると、検索結果を提供するだけではボランティア活動でしかありません。

そこでサイト運営者が目につけたのが、従来は無価値な存在だった検索キーワードです。検索キーワードとは、入力者が欲している情報のまさに鍵となる言葉（キーワード）です。

だとしたら、これに関連する情報を広告として提供すれば、入力者のためになる可能性が高まるでしょう。また広告を提供する側も、ターゲットを絞り込んだピンポイント広告を提供できるに違いありません。

こうして生まれたのが「検索キーワード連動型広告」と呼ばれるものです。そしてこの新しいタイプの広告で巨万の富を生み出したのがグーグルにほかなりません。

つまりグーグルは、従来無価値だった検索キーワードを宝の山に変えたわけです。したがって、グーグルのとったこの活動とは、「無価値なものを価値あるものにする活動」、つまりイノベーションだったわけです。

では、このイノベーションが4つのアクションとなぜ深く関わるのか、その点について考えてみましょう。

●意識的イノベーションと4つのアクション

4つのアクションとは「①取り除く」「②大胆に減らす」「③付け加える」「④大胆に増やす」でした。では、「①取り除く」「②大胆に減らす」を実行してみてください。具体例があるほうがわかりやすいですから、ノート型パソコンにこの2つのアクションを実行してみましょう。

たとえば、ノート型パソコンからキーボードを取り除く。イーサーネットを取り除く。さらにディスクの容量を大胆に減らす――。

いかがでしょう。このようなノート型パソコンは使い物になるでしょうか。たぶんなりません。つまり従来の常識から考えると「無価値なもの」が、この「①取り除く」「②大胆に減らす」を実行したあとのノート型パソコンです。

では、この無価値になったノート型パソコンに「③付け加える」「④大胆に増やす」を実行してみましょう。

まず、タッチスクリーン型のキーボードを付け加えます。また、ＷｉＦｉを付け加えて無線ＬＡ

Nができるようにします。クラウド側にストレージを付け加えて不足したディスク容量を補いましょう。さらに、インターネットからダウンロードできるアプリを大胆に増やしました。

以上を実践することで、ノート型パソコンは何に変身したでしょうか。そう、タブレット端末に変身しました。

つまり「無価値なもの」になったはずのノート型パソコンが、「③付け加える」「④大胆に増やす」を経て「価値あるもの」に生まれかわったわけです。

何が言いたいのか――。

要するに、4つのアクションとは、意識的にイノベーションを実行する手法だということを言いたいわけです。

今見たノート型パソコンの事例をもう一度考えてみてください。

ここでは「①取り除く」「②大胆に減らす」を意識的に実行して、ノート型パソコンを故意に「無価値なもの」にしました。

続けて「③付け加える」「④大胆に増やす」を意識的に実行して、「無価値なもの」を故意に「価値あるもの」に変えました。

すでに述べたように、イノベーションとは「無価値なものを価値あるものにする活動」でした。

そして、４つのアクションを通じてノート型パソコンをタブレット端末に変える作業は、まさに「無価値なものを価値あるものにする活動」です。

だから４つのアクションとは、意識的にイノベーションを実行する手法にほかならないわけです（図11参照）。

●イノベーティブな人生を追求する

４つのアクションは製品やサービスに適用できるだけではありません。自分自身にも適用できる手法です。

私たちは自分を自分らしく見せるためにいろいろなことをします。オシャレな洋服を着たり、大きな自動車に乗ったり、あるいは（親の見栄のために？）子どもを有名な私立中学に入れたりと、あれやこれやと手を回します。

これらはいずれも私たち自身が重要だと考えている活動です。だから実際に行動に移しているわけです。

しかしながら、人生で本当に集中すべきことがわかってきたら、従来重要だと考えていたことが、

図 11　4 つのアクションとイノベーション

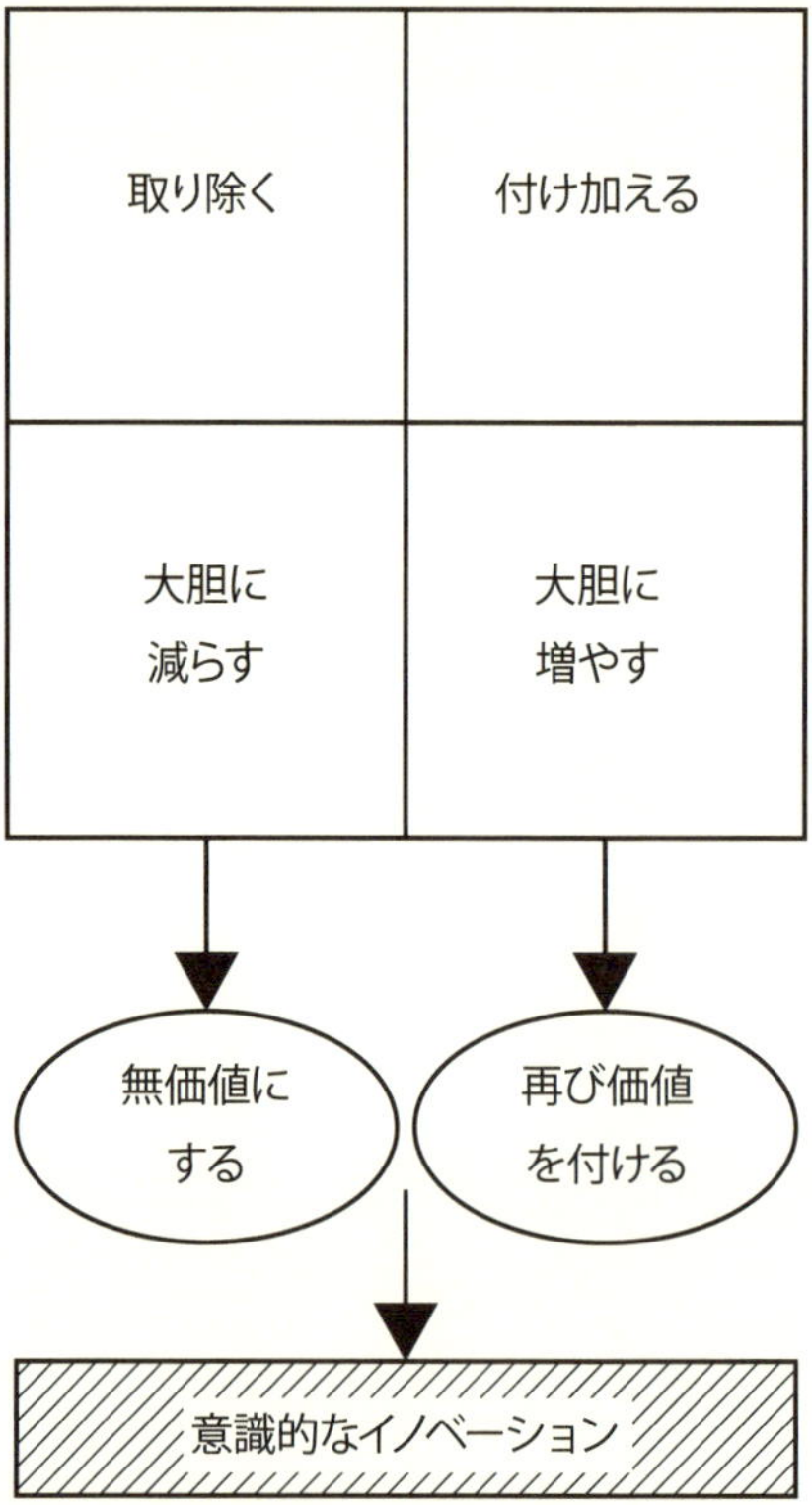

実はたいして重要ではない、場合によっては不必要になることもあります。

それならば、本当に集中すべきことに集中して、不必要なものを「①取り除く」または「②大胆に減らす」ことを実践します。

これは結構勇気がいることです。というのも、従来重要だと思っていたものについて「①取り除く」「②大胆に減らす」を実行したら、自分の存在が無価値なもの、あるいはきわめて価値の低いものになる恐れがあるからです。

しかし勇気を出して「①取り除く」「②大胆に減らす」を実行したら、次に集中すべきことを念頭に「③付け加える」「④大胆に増やす」を実行してみてください。

そうすると、無駄だったことの代わりに、集中すべきことに集中する活動が、文字通り自分の中に集中してきます。こうすることで、集中すべきことの能力がさらに拡大する可能性が高まります。これは一旦、無価値な存在になった自分自身を、より価値ある自分自身に変えるための作業にほかなりません。

そしてこの作業とは、強みを強化して本当に自分らしい自分になること、言い換えると徹底したトレードオフによる差別化の実践にほかなりません。

無価値なものを価値あるものにする活動こそがイノベーションです。そして、４つのアクションを通じて強みを強化して本当に自分らしい自分になることは、無価値なものを価値あるものにする活動（あるいは価値の小さいものをより価値の大きいものにする活動）なわけであり、実にイノベーティブな生き方ではありませんか。

いかがでしょう。あなたもイノベーティブな生き方に挑戦してみませんか。

その挑戦に成功したとき、あのギュスターブ・ドレ、そしてあのスティーブン・キングは、「ようこそ」と言って、自分のアトリエや書斎に迎え入れてくれるはずです。

そう、集中すべきことにしか興味をはらわないアトリエや書斎に――。

第8章「ポジティブに生きる」ための極意を身につける

●ポジティブに生きたピーター・ドラッカー

明確な目標を掲げ、その目標の達成に向けて自分の強みを存分に活用する。そして、当初期待した成果と結果を比較して、次の新たな目標にフィードバックする。そして新たな目標に向けて強みを集中する――。

本書ではこれを「人生のフィードバック・ループ」と呼びました。

そして、フィードバック・ループが延々と回転することで、私たちは自分の強みをさらに強くし、結果、自分らしい自分を確立することができます。この繰り返しの中に私たちが生きる1日、また1日が存在するわけです。

もっとも1日1日の積み重ねには根気が必要です。根気をなくせばフィードバック・ループが停止する結果にもなりかねません。このフィードバック・ループを停止させないための鍵が「ポジティブ思考」すなわち前向きな態度です。本章ではこのポジティブ思考について考えながら、強みを継続して強化するコツについて思いをめぐらせたいと思います。

ポジティブ思考といえば、あのドラッカーも90歳を過ぎた高齢でありながら、それでも前向きに行動する人でした。

ある人物が取材で当時94歳だったドラッカーの自宅に訪れました。その人物は取材の合間、軽い気持ちで「暇な時には何をしているのですか?」と尋ねました。

するとドラッカーは、「暇な時とは一体何だね?」と逆に問いかけてきました。その人物が返答に困っていると、ニヤリと笑いながらこう言ったといいます。


「暇な時なんていうものは存在しないのだよ。私の場合、仕事をしていなければたくさんの本を読む。きちんと計画を立てて、それに従って集中的にね」

ピーター・ドラッカー著、牧野洋訳・解説
『ドラッカー20世紀を生きて』(2005年、日本経済新聞社)

繰り返しますが、これは94歳時のドラッカーの言葉です。いやはや何ともポジティブな生き方に頭が下がります。

ちなみにドラッカーはこの歳になるまでちょっと特徴的な勉強法を継続してきたといいます。いわば「3ヶ月と3ヶ年勉強法」とでも呼べるものです。どういうものか紹介しましょう。

これは3ヶ月という短期、3年という中期、この2種類のスパンで、それぞれ異なるテーマについて勉強するやり方です。

3ヶ月の勉強テーマは、たとえば年始めなどに設定し、年内のどこかで3ヶ月かけて集中的に勉強します。これと並行して3年ごとにテーマを設定した勉強も継続して行います。

こうしてドラッカーは、毎年常に２つのテーマについて勉強し続けました。「継続学習」と呼ぶこの手法をドラッカーは60年以上も続けたといいます。

ドラッカーが継続学習に選んだテーマもバラエティに富みます。たとえば「明王朝時代の中国美術」「シェークスピアの全集をゆっくり注意深く読み直すこと」「バルザックの代表作『人間喜劇』シリーズを読むこと」「15世紀から16世紀にかけてのヨーロッパ史」などです。

強みをさらに強化するためにも、ドラッカーにあやかって、「３ヶ月と3ヶ年勉強法」にチャレンジしてみるのはいかがでしょうか。実際、「３ヶ月と3ヶ年勉強法」を実践すること自体が、きわめてポジティブな活動だと言えると思います。

●楽観的な保険外交員の成績は良い

では、ポジティブ思考がなぜ根気と密接に関わるのか、まずその点について考えてみましょう。

ポジティブな生き方を研究する心理学にポジティブ心理学があります。従来の心理学は心の病を研究しその治癒を目標にしてきました。これに対して、人間のウェルビーイング（よりよいあり方＝幸福）について研究し、よりよい生き方を可能にする状態を築くことを目標にする新しい心理学の構築が打ち出されました。これがポジティブ心理学です。

提唱したのは当時アメリカ心理学会の会長だった心理学者マーティン・セグリマンで1998年のことです。

セリグマンが初期に行った研究に保険外交員を対象にしたものがあります。セリグマンは、大手の保険会社が外交員を新規採用する際に、通常のキャリア試験に加えて、楽観主義か悲観主義かを測定するテストも同時に実施しました。

セリグマンらは1万5000人の応募者の中から、通常のキャリア試験に通った1000人に加え、楽観度の高さで上位半分に入る者のうち通常試験で惜しい点数で落ちた129名を「特別班」として採用しました。そして、それから2年間、都合1129名の保険外交員の成績が追跡調査されたのです。

結果はきわめて興味深いものでした。契約取得率を見ると、正規採用者のうち楽観度が上位半分の者は、下位半分の者より最初の1年は8％多く、2年目は31％多くなりました。

ここからも楽観度が重要な働きをするのがわかります。しかしもっと驚く結果が出ました。「特別班」のメンバーです。彼らは正規採用者以上の成績を収めたのです。

特別班の契約取得率は、最初の1年で正規採用者のうち楽観度が下位半分の者より21％上回りました。これが2年目になると57％となり、正規採用者の平均よりも27％上回る結果となったのです。

もちろん成績が振るわない者ほど会社を去る確率は高くなります。途中で「辞める」わけです。つまり楽観度が低い人ほど、根気がなえる可能性も高まるわけです。

セリグマンは次のように記しています。

楽観度上位の者は下位の者をどんどん引き離していった。なぜか？　私たちの理論でいくと、楽観主義は粘り強さを引き出すからだ。はじめはセールスの才能と意欲も粘り強さと同様に大切だ。だが、拒否され続けると、粘り強さが決め手になる。

マーティン・セリグマン著、斉藤茂太監修、山村宜子訳
『オプティミストはなぜ成功するか』（１９９１年、講談社）

セリグマンのこの言葉はなかなか重要です。たとえばある分野での能力が拮抗している２人がいるとしましょう。では、彼らのうちいずれが強みをより強くできるでしょう。

世の中、努力したからといって結果がすぐについてくるものではありません。成果を手にするには時間がかかります。これに耐えるには、２人のうちより粘り強い人物、つまり楽観度の高い人物のほうが強みをより強くできる可能性が高まるでしょう。

楽観度が高いとはものごとを前向きにとらえることです。ですからポジティブな態度と言い換え

てもよいでしょう。こうしてポジティブであるほうが、根気が持続し、途中で放り出す可能性が低くなります。つまり継続して「人生のフィードバック・ループ」を回転させるのに、ポジティブな態度は重要な役割を果たすわけです。

●楽観主義者だったアドラー

ちなみに、アドラーはきわめつけの楽観主義者だったと、生前に彼と付き合った人物たちが証言しています。その1人に心理学者アルフレッド・ファラウがいます。アドラーの死後、ファラウはこんな回想をしています。

アドラーは、古代ギリシャの寓話、イソップ物語の、二匹のカエルという短い話をよくしてくれました。「ミルクがいっぱい入った壺の縁を、二匹のカエルが跳び回っていました。突然、二匹とも壺の中に落ちてしまいました。一匹は『もうおしまいだ』と泣きました。ゲロゲロと鳴いて、溺れ死ぬ覚悟をしました。もう一匹はあきらめませんでした。何度も何度も脚をばたつかせて、とうとう、もう一度足が固い地面につきました。何が起きたと思いますか? ミルクがバターに変わっていたのです」

G・J・マナスター他著、柿内邦博他訳『アドラーの思い出』（2007年、創元社）

アドラーの回想を語るアルフレッド・ファラウは、アドラーに師事し、のちにニューヨーク・アルフレッド・アドラー研究所の心理学部長や副所長を務めた人物です。

ファラウもアドラーと同じくユダヤ人で、第二次世界大戦中はナチスによってドイツのバイエルン地方にあるダッハウに強制収容されました。

ファラウはこの強制収容所に捕らわれていた間、アドラーから聞いた右の短い話をして、希望を失っている大勢の人を勇気づけたといいます。

なお、ファラウと同じくダッハウの強制収容所に送り込まれた心理学者にヴィクトール・フランクルがいます。フランクルは、フロイトやアドラーに師事し、のちにウィーン大学教授やウィーン市立病院の神経科部長として活躍した人物です。

ファラウと同じくダッハウから生きて出たフランクルは、その後強制収容所での体験を描いた著作『夜と霧』（2002年、みすず書房）を世に送り出しました。この著作は『アンネの日記』とともに、ナチスによる迫害を描いたノン・フィクションとして世界的に有名になりました。

余談ながら、ファラウとフランクルは、同じダッハウの強制収容所に捕らえられていましたから、もしかすると『夜と霧』にファラウの名が出てくるかと思い、探してみました。

しかし残念ながら見当たりませんでした。文中に「F」という人物は登場するのですが、ファラウではないようです。というのも、この「F」はダッハウの強制収容所で絶命するからです。アドラーはナチスの横暴から逃れるためにアメリカへ帰化しました。ドラッカーも同様です。これは彼らが生きた暗い時代の一面を物語っています。

●そもそもポジティブな態度とは何なのか

話を元に戻しましょう。では、そもそもポジティブであること、前向きであること、楽観的であることとは、具体的にどのような態度を指すのでしょう。

セリグマンによると、過去の出来事に対する「説明スタイル」を「永続性」「普遍性」「個人度」という3つの側面から見ることで、その人が楽観的なのか悲観的なのかがわかると言います。

3つの側面から見るとは、ある出来事が起こった時、それを永続的なものとしてとらえるか否か、普遍的なものとしてとらえるか否か、個人的なものとしてとらえるか否か、これらの違いを見ることを指します。もう少し具体的に説明しましょう。

不幸な出来事、たとえば目指していた資格試験に落ちたとしましょう。このようなケースでは、悲観的な人物「オチコミ君」の場合、次のよう説明スタイルをとる傾向があります。

「私はいつも試験におちてばかりだ」（永続的）
「何をやってもうまくいかない」（普遍的）
「本当に私はダメなヤツだ」（個人的）

このように過去の出来事の原因や影響を説明する態度を「説明スタイル」と呼びます。では、次に楽観的な人物「マエムキ君」の説明スタイルです。

「今回はちょっと運が悪かったな」（非永続的＝一時的）
「だいたい勉強しなかった個所が出た」（非普遍的＝特定的）
「悪いのは問題を作成した側だな」（非個人的＝外向的）

いかがでしょう。「永続的」「普遍的」「個人的」の尺度で見ると、悲観的なオチコミ君と楽観的なマエムキ君とでは、説明スタイルにこれほど大きな差があるのがわかります。これは不幸なことではなく良い出来事でも同様です。

そこで今度は、資格試験に受かったケースで考えてみましょう。まずは悲観的なオチコミ君の説明スタイルからです。

「今回は本当についていた」（非永続的＝一時的）
「得意な分野が出て助かった」（非普遍的＝特定的）
「問題作成者に感謝、感謝」（非個人的＝外向的）

これに対して楽観的なマエムキ君はどのような説明スタイルをとるのでしょうか。

「なんと毎回ついていることだ」（永続的）
「しかし何をやってもうまくいく」（普遍的）
「私ってひょっとして天才？」（個人的）

またしても、ものごとのとらえ方がまったく逆になっているのがよくわかります。

●決定論的立場と目的論的立場

整理すると、悲観的な人は、不幸な出来事に対して「いつも（永続的）」「何でも（普遍的）」「私のせい（個人的）」という考え方を持ちます。

また、良い出来事に対しては「今回だけ（一時的）」「たまたま（特定）」「他人のせい（外向的）」と考えます。

これに対して楽観的な人は、悲観的な人と全く逆の態度をとります。不幸な出来事に対しては「今回だけ（一時的）」「たまたま（特定）」「他人のせい（外向的）」と考えます。

また、良い出来事に対しては「いつも（永続的）」「何でも（普遍的）」「私のせい（個人的）」という態度をとります。

生じた出来事は同じです。しかしそのとらえ方は人によってさまざまで、そのとらえ方が人を楽観的にもすれば悲観的にもするということがよくわかると思います。

実はここに、ポジティブに生きるための重要なヒントが隠されています。

重要な点なので繰り返しましょう。アドラーは人が何かの刺激を受けて反応（行動）する時、そこには必ず自由意思が存在すると考えました（第1章参照）。

人の行動を原因と結果でとらえたら、同じ出来事（刺激）からは同じ結果（行動）が得られるはずです。これを決定論と言いました。

しかし、同じ出来事でも、人によって永続的に考える人もいれば一時的にとらえる人もいます。

これにより次にとる行動も変わるでしょう。

つまり、出来事（原因）と行動（結果）の間には、その人のものごとの見方、すなわち自由意思が介在しており、その自由意思が行動（結果）を生み出します。

人がある行動をとるということは、原因が結果を生むのではなく、その人がそうしたいからそうしていると言えるわけです。このような考え方を決定論に対して目的論と言いました。そしてアドラーは、人間のあらゆる行動を、この目的論的立場からとらえようとしました。

以上のように、目的論的立場から見ると、ある出来事に対して楽観的に考えるか悲観的に考えるかは、その人が自分自身の自由意思においてそうしたいからそうしている、と結論づけられます。

つまり悲観的な人は、自らの意思で悲観的になることを選んでいるわけです。しかし、選んだのは自分の自由意思です。ならば、同じく自らの自由意思で楽観的になることを選び直すことも可能です。アドラーがとった目的論的な立場からするとこのように言えます。

一方、「人生のフィードバック・ループ」を回し続けられる可能性が高いのは、ポジティブな人、楽観的な人、つまり粘り強い人でした。ということは、フィードバック・ループを回し続けて、より強みを強化し、自分らしい自分になるには、自らの意思でポジティブに、楽観的に、粘り強く生きることを選択すべきです。

前出の心理学者ヴィクトール・フランクルが、強制収容所の経験から次のように述べています。

人は強制収容所に人間をぶちこんですべてを奪うことができるが、たったひとつ、あたえられた環境でいかにふるまうかという、人間としての最後の自由だけは奪えない、……（中略）つまり人間はひとりひとり、このような状況にあってもなお、収容所に入れられた自分がどのような精神的存在になるかについて、なんらかの決断を下せるのだ。典型的な「被収容者」になるか、あるいは収容所にいてもなお人間として踏みとどまり、おのれの尊厳を守る人間になるかは、自分自身が決めることなのだ。

ヴィクトール・E・フランクル著、池田香代子訳『夜と霧』（2002年、みすず書房）

フランクルの言葉を聞くと、収容所に送り込まれたわけでもない私たちが、悲観的ではなく楽観的な態度を選択するのは、きわめて簡単なことのように思えてきます。

●ポジティブに生きるためのスキル

ポジティブな態度を持つようにするいくつかのスキルがあります。その中から、すぐに使えるものをいくつか紹介しましょう。

心理学者イローナ・ボニウェルは、本当に生き生きした人生を生きるためには、ネガティブさ（悲観的、否定的感情）の割合が1としたら、ポジティブさの割合は3以上が必要だと述べました。

もっとも何ごともやり過ぎはよくありません。ボニウェルはネガティブさとポジティブさの割合が1対8を越えると逆効果を招く、とも述べています。

それはそうでしょう。「やがて私の強みは強化されるだろう」と楽観的に考えていたとしても、努力をしなければ目標は達成されません。努力する人にこそ楽観論は生きてきます。

それはともかく、ボニウェルの指摘を念頭に置くと、ボニウェル本人も言うように、生き生きとした人生を過ごすにはネガティブ感情を1つ持ったら、ポジティブ感情を3つ持つようにしなければなりません。

そこで、セリグマンやボニウェルが勧める次の手法が有効になります。それは、夜寝る前に今日うまくいったことを3つ書き出して、それがなぜうまくいったのかを考えてみることです。セリグマンはこれを「うまくいったことエクササイズ」と呼んでいます。

セリグマンは「うまくいったことエクササイズ」が実証的に有効で「きっと6ヶ月後には、落ち込むことが少なくなり、幸せになり、このエクササイズにはまっていることだろう」（マーティン・セリグマン著、宇野カオリ監訳『ポジティブ心理学の挑戦』（2014年、ディスカヴァー21））と述べています。ただ残念ながらセリグマンは、なぜ効果的なのかには言及していません。

ちなみに、実際このエクササイズを実行すると、最初はなかなか「今日うまくいったこと」を挙げられません。

ですから、何とかしてうまくいったことを思い出そうと努めます。

これを続けていると、やがて日々の生活で、うまくいくことを前向きに作り出そうとしている自分を発見するはずです。つまり、うまくいったことを考える習慣が、うまくいくことをポジティブに追求する態度を促すわけです。

また、うまくいったことを３つ考えるということは、ネガティブさに対するポジティブさの割合を意識的に高める活動だとも言えます。

たとえば、その１日、嫌なことが１つもなければ、うまくいったことを３つ考えることで、ネガティブさとポジティブさの割合は１対３を軽く上回ります。

仮に嫌なことが１つあったとしても、その割合はまだ１対３なわけで、生き生きした人生を生きるための条件に該当しています。

では、嫌なことが２つや３つあったら――。もちろんポジティブな感情を３つ持つ方が、持たないよりも落ち込み度を抑えられるでしょう。

この結果、人はポジティブな感情を素直に受け止め重視するようになるのだと思います。

●ネガティブな感情が頭をもたげたら

生きている上で私たちはネガティブな感情から逃れられません。しかし目的論的立場からすると、発生した出来事に対する意味づけは、私たちの自由意思が行うものです。ということは、ネガティブな感情も私たちの自由な意思によって生じたもの、否定的または悲観的なものの見方をしたいからこそ生まれたものと言えます。

心理学者ウエイン・ダイアーは、次の三段論法で考えれば、ネガティブな感情をコントロールできるのは明らかだと述べました。

大前提：私は自分の思考をコントロールすることができる。
小前提：私の感情は私の思考から生まれる。
結　論：私は自分の感情をコントロールすることができる。

ウエイン・W・ダイアー著、渡部昇一訳『自分のための人生』（2014年、三笠書房）

この「ダイアーの三段論法」からも明らかなように、感情は私たちの思考から生まれます。だから思考をコントロールできる私たちは感情をもコントロールできます。

では、感情はコントロールできるということを前提に、セリグマンが勧めるその具体的な方法を紹介します。

１つは「気をそらす」です。ネガティブな感情が頭をもたげたら「ストップ」と言って机や壁をたたきます。その瞬間、ネガティブな感情を、一瞬であれ抑えることができるはずです。

この「一瞬の抑制」、これが大切です。抑制に成功したら、今度はこの一瞬という期間を少しでも長くするように努めます。この抑制期間が長くなればなるほど、私たちはネガティブな感情を上手にコントロールしていることになります。

この抑制活動を訓練する絶好の場所があります。スーパーのレジですね。

私は他の列よりも時間がかかるレジを選ぶのがとても得意です。そのたびごとに自らの選択（まさに自由意思による選択！）を呪うものです。そしてやり場のない怒りが毎回込み上げてきます。

たぶん私と同じような人が多数いらっしゃるのではないでしょうか。ならば、レジの行列はネガティブな感情をコントロールするのに絶好な場所に早変わりすることでしょう。何ともポジティブな考え方だと思いませんか。

もっともレジにならんでいる最中に「ストップ」と大声を出したなら、驚いた警備員が駆け寄ってくるかもしれません。これでは具合が悪いですよね。

ならば「ストップ」と叫ぶ代わりに、手首に巻いた輪ゴムを引っ張ってパチンとやりましょう。

「痛!」。瞬間、ネガティブな感情が消えます。これを持続させます。

手首に輪ゴムを巻くなんて格好が悪い――。

うーん、ならば別の方法でいきましょうか。レジで怒りが込み上げてきたら、腕組みをします。そして、右手で左の二の腕をつねりましょう。これ、結構痛いです。つねったままだと本当に込み上げる怒りを忘れられます。だまされたと思って一度試してみてください。

●鏡を見て笑顔を作る

怒りを抑えるこんな方法もあります。怒りが込み上げてきたら洗面所に向かいましょう。そして鏡を見て笑顔を作ります。すると、なんだか怒りが抑えられて、楽しい気分になってきます。

「そんな馬鹿なこと、あり得るはずないだろ――」

はい、疑うなら実際にやってみてください。実は、人は笑顔を作ることによって楽しい気分になるということが、脳科学者の研究によって明らかになっています。

そもそも笑った顔で怒りを爆発させることはできますか。できませんよね。ですから、怒りが込み上げてきたら、騙されたと思って洗面所に駆け込んで、笑顔を作ってみてください。感情をコントロールできることが身をもって体験できるはずです。

さらにもう1つ、ネガティブな感情が頭をもたげたら、論理的な態度で対処する方法があります。これもセグリマンが勧める方法です。

たとえば期待していたことがうまくいかなかったとしましょう。もちろん、悲観的・否定的感情が湧き上がってくるに違いありません。そうしたら、次のように自問します。

証拠はあるのか？
思い込みが本当だった場合、それはどんな意味を持つか？
別の考え方はできるか？
その考え方は有効か？

マーティン・セリグマン著、斉藤茂太監修、山村宜子訳
『オプティミストはなぜ成功するか』（1991年、講談社）

つまり自分の悲観的・否定的態度に対して、論理的に反論するわけです。4項目の順序は不同で構いません。ここでは先に例に挙げた、資格試験に落ちたケースで具体的に考えてみます。

悲観的なオチコミ君の場合、「私はいつも試験におちてばかりだ（永続的）。何をやってもうまくいかない（普遍的）。本当に私はダメなヤツだ（個人的）」といった説明スタイルをとりました。こ

れはいわば思い込みです。この結果、その人は茫然自失としています。

しかしスタートはこれからです。自分自身に対して反論を開始します。

「確かに試験には落ちて悔しいけれど、まだ1度目のチャレンジじゃないか」（事実としての証拠）
「また1年勉強しなければならない」（この状況がもつ意味）
「しかしそもそも私の目的は勉強することではなかったか」（別の考え方）
「ならば試験結果に一喜一憂する必要はないではないか」（その考え方は有効か）

このように、「困った状況」→「思い込み」→「結果」→「反論」と思考を重ねていき、「よし、さらに1年猛勉強するぞ！」というように、自分を勇気づけることができるでしょう。

いかがでしょう。これはきわめてポジティブな態度だと思いませんか。ポジティブな態度とは、粘り強い態度のことでした。

そして、この粘り強い態度と深い関わりがあるのが、努力し続けるという態度です。最終章にあたる次章では、才能よりもこの「努力」が強みを強化するのに欠かせない、という点についてふれたいと思います。

第9章　才能より「努力」のほうが重要な理由がある

●能力を開花させる「1万時間の法則」

コロラド大学の心理学者K・アンダース・エリクソンらは、1990年代の初頭にある研究に着手し、実に興味深い結論を得ました。

エリクソンらは、西ベルリン音楽アカデミーの支援を受けて、大学でバイオリンを学ぶ学生から、30名を選び出し、彼らを10名ずつ3つのグループに分けました。

1つは「最優秀バイオリニスト」と呼ぶグループで彼らは将来国際的なソリストとして活躍する能力を秘めています。

次に「最優秀バイオリニスト」ほどではないものの、かなり演奏がうまい10名を「優秀バイオリニスト」グループとして選びました。

さらに、同じ学校の生徒で入学基準の低い別の学部から10名のバイオリニストを選び、彼らを「(未来の) 音楽教師」グループと命名しました。

エリクソンらは被験者の個人的なデータを集めたところ、彼らの経歴は3つのグループを問わず非常に似かよったものでした。

いずれもバイオリンを始めたのは8歳頃で、15歳の頃に音楽の道に進むことを決意しています。すでに10年以上のバイオリン演奏経験を持っていました。

もちろん3つのグループを分ける大きな特徴も見つかりました。その1つが1人で練習する時間の長さです。

「最優秀」と「優秀」のグループは、この1人での練習に週24・3時間割いていました。対して「音楽教師」のグループは週9・3時間にしか過ぎませんでした。

さらに顕著な違いが出たのが18歳に達するまでの練習時間の長さです。3つのグループの練習時間の累積平均は次のようになりました。

「最優秀バイオリニスト」……7410時間
「優秀バイオリニスト」……5301時間
「音楽教師」……3420時間

このように、演奏技能と練習時間には明確な関連があることがわかります。上達しようと思えばそれだけ練習しなければならない——。エリクソンらの研究は、私たちが経験的に理解していることを、具体的な数字でもって示したわけです。

エリクソンはこの研究などから、その道で成功するには1万時間の訓練が必要であることを指摘しました。これが著名な「1万時間の法則」と呼ばれるものです。

●注目すべきは自分でコントロールできる要因

前章では、「人生のフィードバック・ループ」を回し続けるには粘り強さが必要だと書きました。この粘り強さの原動力となるのがポジティブな態度です。

一方、エリクソンはある分野で成功するには1万時間の訓練が必要だと指摘します。1万時間訓練に耐えるには忍耐、それに努力が欠かせません。いずれにも粘り強さは不可欠な要素です。

したがって、ポジティブな態度、粘り強さ、忍耐、努力、いずれも表現は異なりますが、これらは「人生のフィードバック・ループ」を回し続けて1万時間の訓練に耐えるのに不可欠な要素になります。

こうして強みは強化されて、世間でプロとみなされる域に達するのでしょう。

では、才能がなくても1万時間の努力をすれば、どのような分野でも成功できるのでしょうか。

これはとても気になる問いだと思います。

目的論的立場からすると、能力は確実に伸ばすことができます。能力の向上を目標にする限り、その人の能力は必ず向上します。「人生のフィードバック・ループ」を回し続ける限り、強みはさらに強くなります。

ただし、それで「社会的な成功」を得られるかどうかはわかりません。「世界一」になれるかどうかもわかりません。

よく考えて見てください。何しろ「社会的成功」や「世界一」とは結果であり、私たちがコントロールできない領域に属する要因です。

だからその成否は「占い師」に尋ねるしかありません。

第4章で述べたように、私たちが関心を示す対象は大きく2つの領域に分かれています。自分でコントロールできる要因が属する領域とそうでない領域です。

他の人の試験の成績は、私がコントロールできない領域に属する要因です。ですから、他人の成績に思い悩んでいても仕方がありません。

私たちが自分の成績を高めようと思うならば、私たち自身がコントロールできる領域に属する要因に注目しなければなりません。

目標を立てるということは自分でコントロールできる要因です。目標に向けて強みを発揮するということも自分でコントロールできる要因です。得られた結果と期待した成果を比較するのも自分でコントロールできる要因です。結果と成果の比較から新たな目標を立てるのも自分でコントロールできる要因です。

そう、本書で紹介してきた「人生のフィードバック・ループ」を回し続けるということは、自分でコントロールできる要因に集中して関与することにほかなりません。これを続ける限り、私たちの強みはさらに強くなります。

いずれにせよ、粘り強く努力し続けること、これなくして強みをさらに強くすることはできません。引いては高い成果も得られません。

●高い目標とスキルのバランス

もっとも漫然と1万時間を費やしていても卓越した能力を蓄積するのは困難です。そこで重要になるのが目標のレベルです。

第3章でふれたミハイ・チクセントミハイは、人が時間も忘れてものごとに熱中することをフロー体験と呼びました。そしてこのフロー体験がどうやって生じるのかをチクセントミハイは研究しました。その第1の要件が明確な目標です。

さらに第2の要件として、その目標と自分のスキルとのバランスがとれている必要があります。

スキルに対して目標が高すぎても低すぎてもいけません。自分のスキルでぎりぎり達成できるレベルに目標を置くことが、フロー体験を得るための要件になります。

それからもう1つ、自分の行動に対するフィードバックが迅速に得られるということです。これにより自分がものごとを上手にこなしているかどうかを把握できます。そしてもっと上手にやろうと集中するとき、人は時間を忘れてフロー状態に入るのでしょう。

チクセントミハイはフロー体験を含めた日常体験を、縦軸にチャレンジの高低、横軸にスキルの高低をとったシンプルな図にとりまとめました（図12参照）。

チャレンジの高低とは目標レベルの高低と言い換えられます。図では目標が高くそれに到達するスキルも高い領域でフロー体験が生じることを示しています。

これに対して目標は高いのに自分のスキルがまったく低い場合は不安になるでしょう。図の左上がその領域です。

●フロー体験とポジティブの関係

では、チクセントミハイが示した「日常体験の図」（図12）の縦軸と横軸を別のものに変えてみたいと思います。ここでは縦軸に身体的なエネルギーの高低、横軸に心理的なポジティブ度の

図 12　日常体験の図

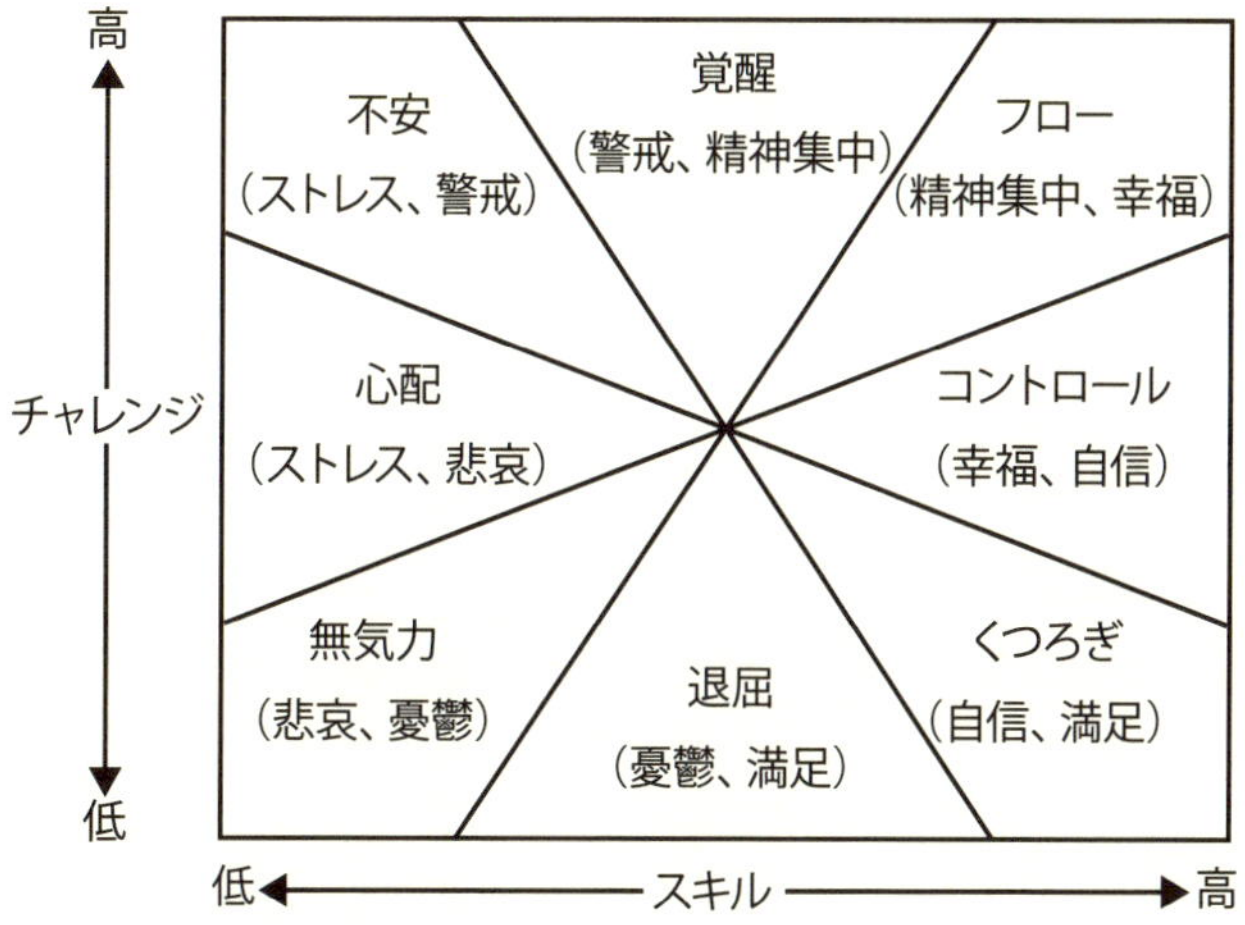

出典：ミハイ・チクセントミハイ著、大森弘監訳
『フロー体験とグッドビジネス』
（2008 年、世界思想社）

高低をとります（図13上参照）。

こちらの図は、スポーツ心理学の権威として多くのプロ・スポーツ選手のメンタルトレーニングにかかわってきたジム・レーヤーが示した、「人間の心理的エネルギーの4つの状態」を示したものです（一部修正しています）。

レーヤーによるとスポーツ選手やビジネスマンが大きな成果を上げるのは、身体的なエネルギーおよび心理的なポジティブ度が高い時だと指摘しています。レーヤーこれをハイ・ポジティブの状態と表現しました。

ただしハイ・ポジティブの状態を長時間続けることは困難です。適宜休息をとることが必要になります。これが図に示したロー・ポジティブの状態です。

そして、高い成果を上げるには、このハイ・ポジティブの状態とロー・ポジティブの状態を適切に繰り返すことが重要になります。適切な睡眠や短い午睡が成果を上げるのに効果的なのは、この適切な繰り返しから説明がつきます。

それはともかく、縦軸と横軸を別なものに変えたもう1つの図を紹介しましょう。今度は縦軸に未来志向の高低、横軸に現在思考の高低をとりました（図13下参照）。

こちらはポジティブ心理学者タル・ベン・シャハーが示した「4つの幸せモデル」に基づいたものです。

図 13 「4 つのエネルギー状態」と「4 つの幸せモデル」

4 つのエネルギー状態

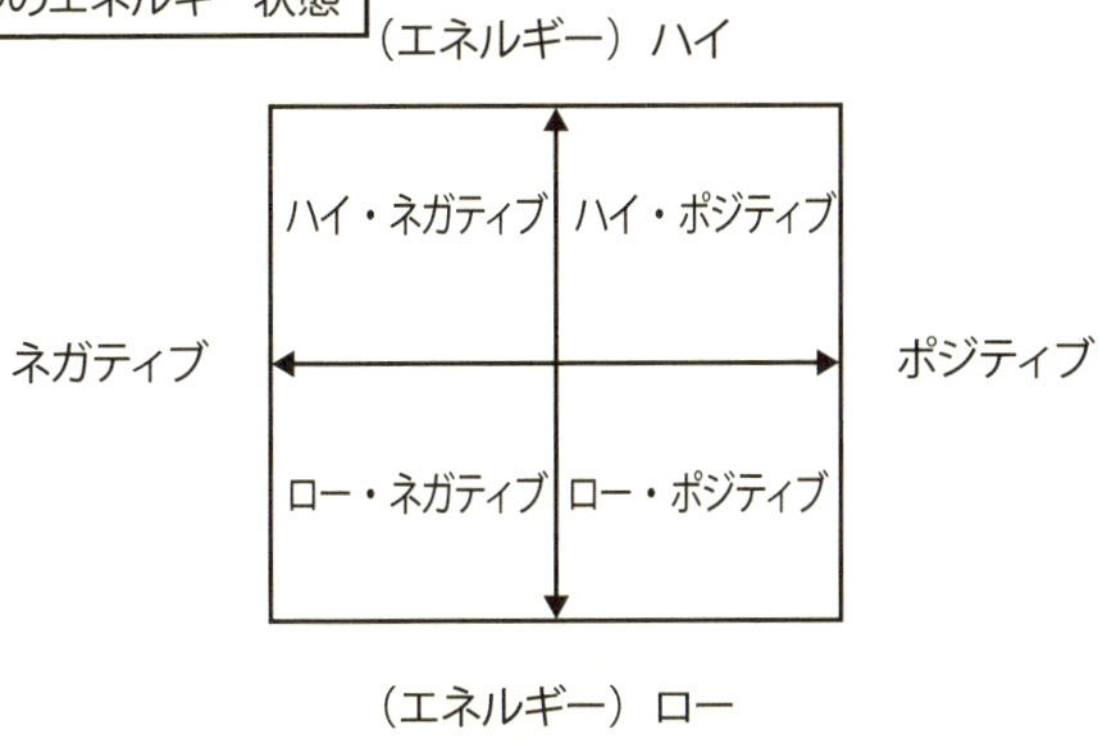

出典：ジム・レーヤー他著、青島淑子訳『4 つのエネルギー管理術』
（2004 年、阪急コミュニケーションズ）

4 つの幸せモデル

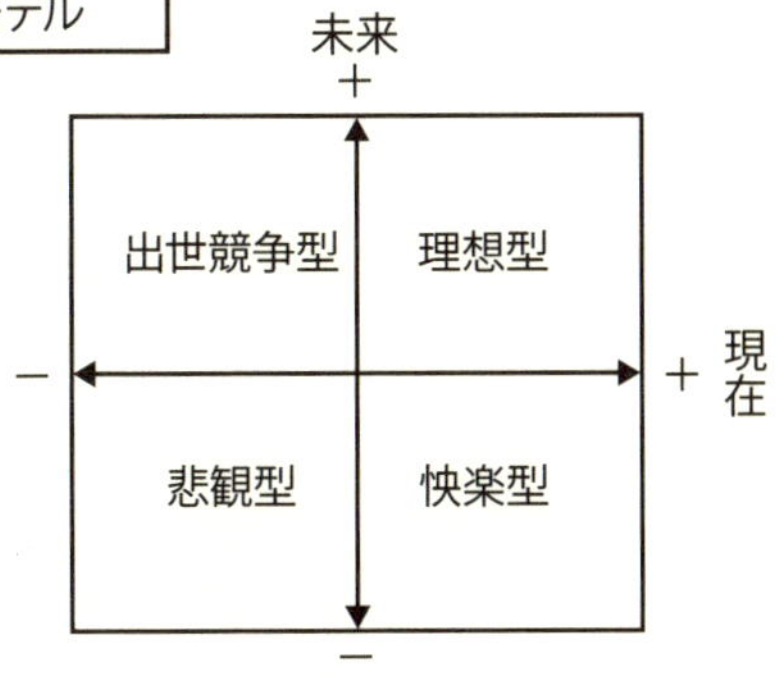

出典：タル・ベン・シャハー著、坂本貢一訳『HAPPYER』
(2007 年、幸福の科学出版)

シャハーは、現在を犠牲にして未来に賭けるのが「出世競争型」、現在も未来も見向きもしないのが「悲観型」、未来でなく現在のみに生きるのが「快楽型」、そして現在も充実して生き、しかも未来をも見すえているのが「理想型」と定義しました。

一般的に私たちは、現在を犠牲にして将来に賭ける生き方を重視しているようです。親に言われた学校に入るために自分の興味を抑えたり、出世のために上司のご機嫌をとったり、受注のために嫌いな得意先と酒を飲んだりするのは、現在を犠牲にして将来に賭ける「出世競争型」の生き方と言えるでしょう。

このような生き方が全面的に悪いわけではありません。当然、人には忍耐が必要です。そもそも未来のことなど考えず現在の快楽にふけっていたら身の破滅です。これは図の「快楽型」に相当します。ですからある程度現在を犠牲にすることは必要です。また、心底楽しめるのなら出世競争型の人生も悪くはないでしょう。

しかし、自分の顔を鏡に映してみて、この生き方はどこか違うと思ったら、スティーブ・ジョブズが言うように何かを変えなければなりません。何かを変えるとは、そうすることが自分にとって価値があると思える活動に軸足を移すことです。

自分にとって価値ある活動ならば、それに身を投じていても、貴重な現在という時間を無駄にすることはありません。

しかもその活動が将来の理想像（ビジョン）に近づくものであれば、私たちは現在を生きると同時に未来をも志向することになります。

つまりシャハーの言う「理想型」の領域で生きられるでしょう。

●「人生の意味」とは何か

では、右に示した3つの図を重ね合わせてみてください。現在と同時に未来を生きるということと、ハイ・ポジティブな領域で生きること、さらにフロー体験を得られる領域とが重なり合います。

このような状態を示すのに私は山登りのアナロジーがまさにふさわしいと思っています。

山登りには山頂にたどり着くという未来の目標があります。その目標を目指して一歩、また一歩、足を踏み出します。

その時々に私たちは木の葉の深い緑に魅せられます。道端の小さな花や、はいつくばるように生きる苔に感動します。小川のせせらぎや遠くで鳴く鳥の声に耳を傾けます。木洩れ日に浮かぶ木々のシルエットに見とれます。

こうして私たちは瞬間、また瞬間を楽しみながら山頂を目指します。これはまさに現在を生きながら未来を志向する態度そのものです。これは身体的なエネルギーと心理的なポジティブさが高まった状態だからこそ体験できるものです。

あるいは鉢植えの植物をイメージするのもいいかもしれません。私の事務所のベランダには、8号ほどの陶器鉢にうわった山採りのヤワラシダ（シダの一種）が植わっています。

目の前にあるヤワラシダはまさに現在を生きています。ヤワラシダの葉はピンと上を向いています。そのノコギリ状の葉を凝視すると、もっともっと上に伸びて、いっぱい太陽の光を浴びようという、強い意思（？）が感じとれます。

やはり目の前のヤワラシダも現在を生きると同時に未来を志向しています。そこには横溢する生、言い換えるならば高いエネルギーとポジティブさを感じずにはいられません。

こうして、明確な目標のもと、現在と同時に未来を生きることはハイ・ポジティブな領域で生きることであり、結果的にそれがフロー体験を可能にする領域で生きることになるのでしょう。

意識的に「理想型」で「ハイ・ポジティブ」、そして「フロー」を体験しやすい領域で行動することを心がければ、1万時間はきっと充実した時間になるはずです。

もちろん常にスイッチがオンの状態では身体がもちません。適切にロー・ポジティブ状態に移行することが欠かせません。その時には徹底してリラックスすべきです。

以上のような態度で目標に挑み、「人生のフィードバック・ループ」を回し続ける——。

この作業は私たちが死ぬまで実行すべきことなのでしょう。

ある人がアドラーにこう尋ねました。

「人生の意味とは何ですか？」

これに対してアドラーはこう答えたと言います。


「誰にでもあてはまる人生の意味などありません。人生の意味とは、自分が自分の人生に与えるものなのです」

G・J・マナスター他著、柿内邦博他訳『アドラーの思い出』（2007年、創元社）

努力と根気で強みを強化した先、自分が本当に自分らしくなった時、そこに私たち自身の、さまざまな人生の意味があるのではないでしょうか。

詰まるところ人生の意味とは、私たち自身がそれぞれつかみ取らなければならないものです。それは決して他所《よそ》から与えられるものではないのです。

あとがき

私は非常勤講師として大学で講義する機会があります。その講義の1つに「情報通信に見る破壊的イノベーション」をテーマにしたものがあります。

これは情報通信の歴史を振り返る中で、破壊的イノベーション（経営学者クレイトン・クリステンセンが提唱した理論）がいかに繰り返されてきたかを検証するものです。

講義の眼目は歴史的事実を破壊的イノベーション理論で読み解くことがベースになっています。しかし、毎回脱線してしまい、イノベーションと人生の関わりについて語ってしまいます。

第7章で記したように、私はイノベーションを「無価値なものを価値あるものにする活動」と定義しています。消極的には「価値の低いものをより価値の高いものにする活動」とも定義できると述べました。

イノベーションは決して製品やサービスだけに生じるものではありません。右の定義からすると、昨日の自分よりも今日の自分の成長、今日の自分よりも明日の自分の成長を目指す活動は、おしなべてイノベーションであると言えるでしょう。つまりイノベーティブな生き方です。

かつてこの話題を講義で話している最中に、イノベーティブな人生を実践するのにたまたま思いついたのが、「4つのアクション」を自分自身に適用することでした。

一旦無価値にしたものに価値をつける「4つのアクション」は、まさにイノベーションを意識的に起こす手法にほかなりません。これを自分自身に適用すれば、まさに意識的に自分自身をイノベートできる――。

講義中、にわかにこの考えに至った時、やはり人に教えることは自分の理解を深めることだ、ということを改めて思い知らされたものです。

ちなみに、今年の講義を受けたK君という学生がこんなレポートをくれました。


私も未だ自分の長所がわからず悩んでおります。しかし今回の講義では強みを手に入れる方法を教えていただきました。私は根性には自身があります。熱意・能力・貢献の3つが重なるようなものを見つけて努力したいです。

K君、根性があるということは、実はキミの気がつかない強力な強みです。

何しろ決めた道で生きようと思えば、必要なのは粘り強さ、忍耐、努力です。これらは根性がなければ続きません。だから、どんな道に進んでも根性は強力な武器になります。そのオールマイティの武器で、ぜひとも社会に大きく貢献する人物になってください。

もちろん私も、さらなる著作を通して、世の中に貢献したいという思いに変わりはありません。人生は死ぬまで続きますからね。

最後に本書の出版もアルテの市村敏明社主にお世話になりました。この場を借りて心より感謝申し上げます。

神戸元町にて筆者識す

2015年7月

ヤ行

ラ行

ハ行

マ行

タ行

ナ行

索引

◆著者

中野　明（なかの　あきら）

1962年、滋賀県生まれ。立命館大学文学部哲学科卒業。ノンフィクション作家。同志社大学理工学部非常勤講師。著書に『超図解 勇気の心理学 アルフレッド・アドラーが1時間でわかる本』（学研パブリッシング）、『アドラー 一歩踏み出す勇気』（SBクリエイティブ）、『アドラー心理学による「やる気」のマネジメント』（アルテ）ほか多数。

アドラー心理学による「強み」のマネジメント
――アドラーとドラッカーの共通点とは何か

2015年8月25日　第1刷発行

著　者　中野　明
発行者　市村　敏明
発　行　株式会社　アルテ
〒170-0013　東京都豊島区東池袋2-62-8
BIGオフィスプラザ池袋11F
TEL.03(6868)6812　FAX.03(6730)1379
http://www2.plala.or.jp/arte-pub/
発　売　株式会社　星雲社
〒112-0012　東京都文京区大塚3-21-10
TEL.03(3947)1021　FAX.03(3947)1617
装　丁　Malpu Design（清水良洋＋宮崎萌美）
印刷製本　シナノ書籍印刷株式会社

ISBN978-4-434-20995-6 C0011